# 15分钟养育

## 零压力培养8—12岁孩子

[英]乔安娜·福琼（Joanna Fortune）/著　马梦捷/译

广西科学技术出版社

著作权合同登记 桂图登字：20-2022-276号

Copyright © 2020 by Joanna Fortune

Published by arrangement with The Marianne Gunn O'Connor Literary Agency, through The Grayhawk Agency Ltd.

## 图书在版编目（CIP）数据

15分钟养育. 零压力培养8—12岁孩子 / (英) 乔安娜·福琼 (Joanna Fortune) 著；马梦捷译. — 南宁：广西科学技术出版社，2024.2

书名原文：15-Minute Parenting 8-12 Years: Stress-free Strategies for Nurturing Your Child's Development

ISBN 978-7-5551-2010-0

Ⅰ.①1… Ⅱ.①乔… ②马… Ⅲ.①儿童教育—家庭教育 Ⅳ.①G782

中国国家版本馆CIP数据核字(2023)第204466号

15 FENZHONG YANGYU: LINGYALI PEIYANG 8—12 SUI HAIZI
15分钟养育：零压力培养8—12岁孩子
[英]乔安娜·福琼 著 马梦捷 译

| 策划编辑：冯 兰 常 坤 | 责任编辑：冯 兰 |
|---|---|
| 装帧设计：〔设计工作室印章〕 | 责任校对：盘美辰 |
| 版权编辑：尹维娜 | 责任印制：高定军 |
| 内文插图：初冬伊 | |

| 出版人：梁 志 | 出版发行：广西科学技术出版社 |
|---|---|
| 社　　址：广西南宁市青秀区东葛路66号 | 邮政编码：530023 |
| 电　　话：010-65136068-800（北京） | 0771-5845660（南宁） |
| 传　　真：0771-5878485（南宁） | |

| 经　　销：全国各地新华书店 | |
|---|---|
| 印　　刷：北京中科印刷有限公司 | 邮政编码：101118 |
| 地　　址：北京市通州区宋庄工业区1号楼101号 | |
| 开　　本：710 mm × 1000 mm　1/16 | |
| 字　　数：136千字 | 印　　张：15 |
| 版　　次：2024年2月第1版 | 印　　次：2024年2月第1次印刷 |
| 书　　号：ISBN 978-7-5551-2010-0 | |
| 定　　价：59.00元 | |

**版权所有　侵权必究**

质量服务承诺：如发现缺页、错页、倒装等印装质量问题，可直接向本社调换。

服务电话：010-65136068-800　团购电话：010-65136068-808

本书献给

所有慷慨地与我分享内心世界的孩子

我源源不断地从你们身上学习

# 目录
## Contents

# 15 分钟养育——小小改变带来大大不同

如果你没有读过本系列的第一本书，那让我来告诉你我的 15 分钟养育模式是什么。我并不是说你要做的就是在一天中花 15 分钟的时间来养育孩子（那可真是太美妙了，不是吗？），而是说，如果你每天花 15 分钟的时间用心和孩子玩耍，你很快就会看到你们的亲子关系发生积极的转变。这是一个基于少些眼泪、多些欢笑的模式，在这个模式中，小小的改变会带来大大的不同。

我是乔安娜·福琼，一位专门研究亲子关系的心理治疗师。我研究的领域从摇篮一直到派对，即从胎儿到成年早期。我在私人诊所临床工作了 10 年，之前在爱尔兰的非政府组织部门工作了 12 年。在我的职业生涯中，我已经为数百个家庭提供了数千小时的临床服务，并且为其他治疗师就如何开展工作提供培训和督导。

我的 15 分钟养育模式是与各种背景的各种家庭长期合作

取得的成果。根据我的经验，除了极罕见的例子，大多数父母都尽力了；而且，除了极罕见的例子，每个人都可以（重新）学习玩耍，了解基于玩耍的疗愈性育儿方法。在我 20 多年的临床实践中，我最常从父母那里听到的一句话是，在他们完成了一天的工作，把孩子从托儿所接回来，回到家把晚餐摆上桌之后，他们觉得在睡觉之前如果能有 15 分钟的时间和孩子一起度过就很幸运了。他们问："如果每天只有 15 分钟，我可以做些什么？"我的回答是："很多。"

我们中的一些人在亲子关系中遇到的问题肯定是无法单独用这个模式来处理或解决的，需要有合适的心理健康专家的帮助。然而，在我们与孩子一起成长和发展的过程中，更多人遇到的是轻度到中度的挑战，这正是我的 15 分钟养育模式最能发挥效用的地方。即使你没有在亲子关系中遇到挑战，也不用愁"玩耍得太多"，因为在改善我们与孩子、与彼此以及与自己的关系中保持嬉戏性，永远都有好处。15 分钟养育模式的前提是：**玩耍不是一套活动或游戏，而是一种心境和存在方式，它能给所有人带来精神健康方面的益处。**请始终腾出时间并寻找机会来与孩子一起玩耍！

在本系列的第一本书中，我重点介绍了我的 15 分钟养育模式、早期儿童发展理论以及如何将该模式应用于 0—7 岁的儿童。本系列的第二本书则着眼于童年中期，也就是 8—12 岁的年龄段；第三本书将带你走过青春期。你将在这些书中发现一张嬉戏性联结的路线图，以及学习和使用玩耍的语言来加强和改善你与孩子的关系。

我将向你展示如何将治疗性玩耍（包括一些你无须成为治疗师就能做到的技巧）加入你的育儿工具包中，使你能够在孩子成长和发展的过程中更好地理解你与他的关系，并确保你的育儿方式与他一起成长和发展。

童年中期，即8—12岁的年龄段，往往是儿童发展中最容易被忽视和不被讨论的阶段。人们大量讨论极为重要的早期阶段，也讨论如何应对具有挑战性的青春期，但往往忽略了童年中期。这很令人遗憾，因为理解处于童年中期的孩子将为在青春期来临时你所需要做的事情打下基础。

童年中期是一个在认知、社交、情感，特别是身体各方面都有显著成长和发展的时期。孩子的大脑在不断发展，日臻完善，这是通过一个叫作"突触修剪"的过程来实现的。简单地说，孩子的大脑正在削减额外的突触，让大脑功能的运行更有效率。在向着青春期逐渐成熟的过程中，这会让大脑能够吸收和处理更为复杂的信息。突触修剪是童年中期的一个重要发展阶段，也是孩子成长于其中的环境因素发挥作用的敏感阶段，环境（包括物理环境、社会环境及情感环境）在大脑发育中扮演了重要角色。8—12岁的孩子的大脑处于不断的变化之中，他们的日常经历就是发展的养料。

在第一本书中，我讲述了玩耍在早期成长阶段的作用。而在第二本书中你会看到，玩耍仍然是这个阶段发展的重要组成部分。游戏是孩子积累所需要的日常经验的方式，能让孩子的大脑发生重要变化。孩子正是通过玩耍学会了如何与周遭世界和其他人接触与互动。玩耍对大脑在所有发展阶段的健康发育都至关重要，使儿童通过发展想象力激活创造力。在玩耍中，孩子了解到自己拥有愿望和自由意志，这有助于建立情绪韧性，而且孩子也会获得支持自我认知发展的身体灵活性、柔韧性和协调性。

在童年中期，玩耍对孩子的情感发展继续发挥着重要作用。当这个年龄段（8—12岁）的儿童有机会——特别是被父母和重要照顾者鼓励——参与体育活动和想象力游戏时，体育活动和想象力游戏对他们的吸引力会像电子游戏的吸引力一样大。参与体育（也包括户外）活动和想象力游戏的儿童会把这类玩耍与强烈的积极情绪联系起来；不能参与这类玩耍的儿童则会产生更多的消极情绪，包括各种基于焦虑的症状。

然而，在这个年龄段，我们也最有可能不再和孩子一起玩耍。我们可能认为孩子已经大了，不爱玩耍了，我们也不再与他谈论魔法和想象。我们经常会看到这个年龄段的孩子从积极的玩耍活动中退出，转而进入更为被动的游戏体验，比如玩电脑游戏或其他电子游戏。在本书中，我将分析这个年龄段孩子的神经系统、身体和情感发展，以及在这些年里，你可以如何让玩耍持续成为你与孩子关系中的积极部分。

## "但是为什么，为什么，为什么？"

到 8 岁时，孩子处于一个重要的成长阶段——身体方面、情感方面和认知方面都是如此。从育儿的角度来看，孩子在这个年龄段达到了提问的高峰。当孩子发现新事物时，他会问出一连串看似无止境的问题，逼近你的知识极限。但请放心，孩子不是想要捉弄你，他只是想要收集足够的信息，并开始结合所学的东西得出自己的结论。孩子将开始全新的学习模式，他的这些问题和疑惑是值得鼓励的。

你可以带有趣味性地回应他。如果你不知道答案，就说你不知道。你可以暂停下来，说："好棒的问题。我也不知道答案，让我们一起解决这个问题如何？"然后通过读书、上网搜索或体验式的活动来共同学习。你也可以试着反映孩子对知识的渴求，来加深他对情感的内省。试着说这类话："你对这件事真的很好奇。我好奇是什么让你对它如此感兴趣。"通过"好奇"，你把孩子带进了更深入的内省过程。孩子开始变得更为成熟（这是一个渐进的过程，不会在一夜之间发生！），对父母和孩子来说，这个过程使这个年龄段变得更有趣。

## 耳濡目染，才能做到——请以身作则

这个年龄段的身体发育更多的是不断完善，而不是翻天覆地的变化。大约在这个年龄段，孩子开始摆脱"幼童"的外观，并具有所谓的"大男孩/女孩"的外貌，尽管青春期可能仍然遥不可及。这是孩子确定自己是否喜欢参加体育活动的关键年龄。随着孩子的成长和发展，坚持定期参加体育活动会带来诸多益处，这些益处不仅仅是身体上的，还会与自信心挂钩。让孩子看到父母积极参加并投入体育活动也会对其有所帮助，因为**耳濡目染，才能做到**，不是吗？

也是在 8 岁左右，关于身体部位的话题更多地成为谈话要点。你可能会注意到，你那 8 岁的孩子更加关注自己的身体了——体形、身高、体重和自信心都比前几年更为重要了。在童年中期，大约从 8 岁开始，孩子在自信和自我怀疑之间疯狂摇摆。你要确保某项体育活动仍然是孩子生活的一部分，因为这让你们把注意力从孩子身体外观看起来如何转移到他的身体可以做到些什么。本书第六章有更多关于这方面的内容。

## 向上成长也意味着向内成长

在情感方面，你那 8 岁的孩子可能已经开始向你展示，他有能力以比以前更有意义的方式考虑他人的感受。当他收到亲戚送的衣服时，即使对礼物本身感到失望，他也能微笑着说"谢谢"。从现在开始，孩子会提出各种更隐私的请求，或者更有可能的是，各种更隐私的要求。给孩子更多的隐私权、特权和独立的机会并不意味着默许他的每一个要求，而是要注意他在这个阶段会开始与父母渐行渐远。我们需要在父母的边界和限制内给予孩子这样做的空间。

你可能也会注意到孩子与你进行身体互动的方式发生了变化。他可能更抗拒在公共场合与你牵手或跟你吻别，然而当他情绪不佳或惴惴不安时，你又会发现他很想与你在身体上亲近。当孩子想要身体上的亲近时，他很可能会主动提出来，但如果是你发起的，他则会生硬地拒绝。这是完全健康和正常的，是孩子在这个阶段社会心理发展的一部分。我会鼓励父母敞开拥抱、亲吻的大门，即使孩子对此不屑一顾，也要继续提供这类身体上的亲近。这将向孩子（以做而不是说的方式）传达，你可以在他任何想要与你建立身体联结的时刻向他表达爱意。

在这之后不久，对许多孩子来说是在一年之内，你将开始看到他有了朝向青春期的更为明显的转变。女孩的青春期在8—12岁开始，男孩则是在9—14岁开始。

你的9岁孩子将开始要求在家庭决策中拥有更多的发言权。你应该鼓励他参与和发声，但是，此处有一个很大的"但是"，这需要在你的父母边界内进行。找一些可以让孩子参与的家庭决策，让他在有限的选项范围内进行选择。例如，"这个假期我们家要去露营，要从这两个露营地中选一个，你喜欢哪个？"——在邀请孩子做选择之前，你显然对这两个选项都很满意。这也是你让孩子练习独立的好时机，你还可以为孩子增加家务，并期待他在公共场合与其他成年人互动，比如商店营业员和餐厅服务员。

尽管这个年龄段的孩子宣称自己比你懂的多，但你仍然是他的最大影响者，所以在对他付出的努力大加赞赏的同时，也要保持温和且坚定的边界，即使孩子在你这么做时又是翻白眼又是叹气。

这个阶段，孩子融入同龄人群体并成为其中一员的愿望变得非常强烈（本书第二章对此有更多介绍），他对同辈压力的敏感性也上升了。在童年中期，一个关键的育儿目标是投资孩子的情感韧性和承受这些外部影响的能力。关注孩子所接触的媒体和同龄人的影响至关重要。这个时候你要对孩子感兴趣的东西感兴趣（感兴趣是指好奇，而不是审问——这条分界线其实并不细微，现在学会正确区分将在孩子进入青春期后大有助益）。

你能和 9 岁的孩子讲道理了。但这并不意味着他随时随地都是讲道理的，而是意味着，当孩子犯错了，或者当他耍性子、发脾气时（有时发脾气是肢体上的，但更可能是语言上的），他有能力反思所发生的事情，承担责任，并通过道歉来修复关系。在这个阶段之前的岁月里，你通过持续的指导、鼓励和提示为能与孩子讲道理打下了基础。在 9 岁左右，孩子将开始显示出他可以自己进行内省。

这个阶段，孩子开始在玩耍中表现出性别偏好，他喜欢与同性孩子一起玩。你也可能看到孩子对想象力游戏的参与度下降了，转而喜欢参与更具结构性的游戏，如各种桌游。这很好，但我仍强烈建议你坚持每天和孩子玩耍 15 分钟，通过结构化的玩耍和活动来与他联结。我将在全书各个章节中提及各类游戏和活动，帮助你实现这一目标。

## 少年时期

童年中期是复杂的，而且尚未被充分讨论，所以我将逐年分解每个阶段的发展水平，以便你确定你和你的孩子所处的阶段。话虽如此，请记住，即使是处于同一年龄段的孩子，也没有两个孩子的发展速度是一样的，因此，请关注你孩子的发展年龄，而不是他的实际年龄。如果他表现得像 8 岁，而不是 10 岁，那就把他当作 8 岁的孩子来教育。

童年中期也被划分为前少年时期和少年时期。10—12 岁是所谓的"少年时期"（tween years）。tween 这个词源于英语的介词 between，表示两个极端之间的位置。但在这个语境下，也是为了提醒人们关注很快就要到来的青春期。这是一个相对较新的育儿和发展水平术语，形容那些快要成为青少年的孩子（主要是女孩），并将这个时期的孩子确立为一个独特群体。总之，就在你觉得自己已经掌握了整个童年中期的育儿方法时，在孩子到 10 岁左右你又将面临巨大的变化。

这个年龄段的男孩和女孩在情绪方面的变化会很明显，而女孩可能更为明显，她们往往会展现出更大的情绪波动。有些孩子似乎在一夜之间变成了伪青少年，而另一些 10 岁孩子仍然在玩玩具和过家家。这两种行为模式都很正常，只是有些孩子的部分激素启动得比其他孩子早而已。

因此，尽管孩子已经形成了更好地理解和管理自己情绪状态的能力，但现在，他的情绪波动很强烈，可能会让他脱轨。同时，孩子也在经历身体方面的变化（或者没有变化，不过无论哪种都会带来压力），他正试着应对所有这些身体和情绪变化，以及日常的生活压力和周围人对他的期待。

你还会观察到，孩子被其他年龄较大的孩子所吸引，特别是青少年（现实生活中的人以及他想要模仿的网络红人和视频制作者），所以你要做好准备，孩子对着装、发型和音乐方面的态度会发生转变。在你所设定的父母边界内，尽可能地鼓励这种表达和探索。紫色头发可能不适合学校，但在放假期间可以允许孩子用一次性喷雾改变发色。同样，在学校和家庭活动中孩子需要穿特定类型的服装，但在周末的自由时间里，他可以选择自己穿什么衣服。你要在避免不必要的冲突的同时守住边界，在这类问题上，不是"不行"，而是"现在不行"。

在这个前青春期的早期阶段，孩子仍然听命于父母，他很可能会抵制你的权威，但仍然接受你的管理。

在认知方面，你那10岁的孩子正表现出自己有能力进行更复杂的思考，并能够对事物形成详细的看法。这是一个了解孩子正在成为怎样的人的好时机。与孩子对话，谈谈世界上、你们所在地区和社区发生的事件。让孩子以游戏的方式参与进来，你可以好奇地问他，如果他是新闻中某个国家的领导人，他会做出怎样的决定。邀请孩子对任何问题发表看法，并鼓励他表达具体的意见，温和地将他带入更深的思考和感受过程中："哦，这是一个有趣的思考问题的方式。我好奇，为什么你认为某某某会是解决这个问题的好办法，还需要什么其他因素吗？"

在这个年龄段，孩子在学校需要掌握的任务的难度也会提高一个档次，在某些科目上遇到困难是很常见的。继续赞扬孩子付出的努力而不是取得的结果，不要否定他的挣扎或失望，树立共情和接纳的榜样，同时将重点拉回他所做的努力上。庆祝失败，因为它带来了学习的机会。

从发展的角度来看，10岁的孩子仍然对玩耍有着浓厚兴趣，喜欢团队运动以及单人活动，如自行车、滑冰、轮滑、滑板车等需要提高技能和付出努力才能掌握的运动。

当然，这个年龄段的孩子也会很喜欢数码设备和电子产品。我并不是说要完全杜绝这类东西，而是说要让孩子不仅仅拥有这些爱好。如果孩子喜欢尝试数码设备和分享视频，那就满足他。让他使用你的数码相机，邀请他选择一个主题（或者你指定一个主题），并说你们将在一到两周内就这个主题拍摄图像和视频，然后将它们放在一起制成一张数码拼贴画或一个故事，并与对方分享。

## 让你和孩子保持同步或恢复同步的游戏

通过一些处于前青春期的孩子会感兴趣的活动，来保持你和孩子每天的 15 分钟玩耍时间。

在"**我们去野餐**"这类游戏中，玩家轮流说"我们去野餐，我们带了_____（一种食物或玩具，如奶酪、鸡蛋、飞盘、沙滩球等）"。每个玩家重复之前说过的物品，然后再增加一个物品。你们可以尽可能地延长清单，但如果你看到孩子遇到困难了，他可能快要想不起来清单内容了，就给他一个提示。我们希望孩子体验到的是对游戏任务的掌握感，所以你这时也可以建议结束游戏。让清单尽可能得长，因为这在增加挑战的同时也延长了你和孩子的玩耍时间。你们可能会在这样的清单中结束游戏："我们去野餐，我们带了三明治、白煮蛋、薯片、巧克力、水、用来坐的毯子、用来玩的球、甜甜圈、水果、防晒霜、我们的泳衣。"说"我们"而不是"我",这种语言上的调整让你们协作玩耍,并强调这是你们一起做的事情。这个游戏对一个孩子和多个孩子都适用。你们在面对面、坐在餐桌旁或一起坐车的时候都可以玩这个游戏。

体现节奏和同步的活动不仅可以激活发育中的大脑中与情绪调节相关的子系统,对于修复亲子关系裂痕也十分有效。在童年中期,孩子的大脑正在发生巨大变化,你将目睹孩子展现出令人印象深刻的情绪波动。在前青春期阶段,这类活动能让嬉戏和玩耍持续成为你们亲子关系中的积极部分。

还可以考虑拍手游戏,比如《**水手出海**》(*A Sailor Went To Sea*,可以玩拍手游戏的英文儿歌);《**玛丽·麦克小姐**》(*Miss Mary Mack*,可以玩拍手游戏的英文儿歌);**杯子游戏**(这个游戏可以两人一组玩,也可以在大小团体中玩,随你选择);**你拍七我拍七**(这是一个由七套拍手动作组成的游戏,一套接一套地进行,每一套拍手动作都比前一套更有挑战性);**拍手井字棋**(一套包含很多触摸的拍手动作,所以这是一个特别好的游戏);**专注**(玩家轮流选择主题,在互相拍手的同时,必须轮流说一个符合该主题的事物,而且不能重复对方说过的词);《**说吧,哦,我的玩伴**》(玩这个游戏需要配 *Say, Say Oh Playmate* 这首歌——你可能听说过 *Cee Cee My Playmate*,但那个版本的歌词不太"纯洁"，所以试试这首改编版本）。

　　如果其中一些游戏听起来很熟悉，你在学校操场上也玩过，那么你就知道与孩子分享你曾经玩过的游戏是多么美好。但如果你不熟悉这些游戏，或者已经忘了怎么玩，别担心，我的视频频道上（你可以在本书的末尾找到详细网址）有教程来教你怎么玩这些游戏。

　　对于所有这些体现节奏和同步的活动，你都可以根据孩子以及你自己的能力来提高难度，维持节奏。同样，你也可以把它们调整成非常基本的拍手动作，这样你们能玩得久一些。如果你玩得一塌糊涂也不用担心，你会找到自己的节奏，发现失误和碰撞也很有趣。

　　到 11 岁时，男孩和女孩的身体变化都在全面展开。这是一个增加滋养性玩耍的好时机（以做而不是说的方式来沟通，传达给孩子作为接收者应该得到良好的照料，而你在他身边照料他的信息），以嬉戏的方式来处理个人卫生和自我照料的议题。在这类议题上，这个阶段的孩子应该有更多的隐私权，尽管他仍然需要你的积极鼓励。

# 15 分钟滋养性玩耍

**小型手部**、**足部护理**之类的活动——准备一盆温热的、带有香味的肥皂水，把孩子的手或脚泡在里面。不要太拘谨，你们可以在水中玩叠手游戏；还可以把泡泡舀起来，从你的手上传到孩子的手上，再传回来；或者用你的手丈量孩子的脚，看看他的脚和你的手相比有多大——这些都是增加触摸和嬉戏性的好方法。

准备一条柔软的毛巾，轻柔地擦干孩子的手或脚，然后在手或脚上抹上一些好闻的乳液或按摩油，用轻柔而坚定的力道挤压和摩擦手指或脚趾。然后涂一些指甲油（如果无法保证指甲油的安全性，就换成无害的小贴纸），握住孩子的手或脚，轻轻吹吹，使指甲油干燥。这是一个非常有爱的滋养性和调节性的活动。你在这个过程中使用的力道很重要，这被称为**本体感觉触摸**，它对身体和情绪调节很重要。本体感觉是皮肤感受器受到刺激时的感觉，这些感觉与我们的身体和大脑进行交流，从而让我们感受到在特定空间中与他人和周遭世界的关系，也让我们感到专注和踏实。这种深压式触摸（力度应该深到让人真正感受到它，但不能太深，避免造成伤害）能够让孩子"感到安全"，并让孩子确信，他值得获得良好和善意的照料。

通过本体感觉触摸增加滋养性的活动还包括**天气报告**，即你让孩子背对着你，可以让孩子穿着 T 恤衫，也可以让他光着上身（如果这样对他来说更舒服的话），你以表现天气的方式触摸他。例如，表现下雨，你就用指尖轻点他的背；表现雷声滚滚，你就用两只手的边缘在他的背上做切的动作；表现阴天，你就用两只手在他的背上做抓取式的动作；表现微风变大风，你可以先在他的背上或脖子后面轻轻吹，然后用力吹，同时你的手在他的背上来回摆动；表现阳光明媚，你可以用一只手的手掌在他的背上画大圆圈。

你还可以以**比萨**的形式来玩这个游戏：用你的手指在孩子的背上画一个大圆圈，然后假装加入各种配料，每次加入时改变触摸的压力，并说出你加入的东西。给孩子一些掌控权，邀请他在最后"额外"选择一个他想要的天气或配料。

这类游戏对于这个年龄段的孩子来说可能有点"幼稚"，但是当我和各类家庭一起合作时，从来没有一个孩子（甚至是青少年）反对这类游戏。有时，我们认为一些事情对孩子来说太傻或太幼稚了，其实我们真正的想法是，和小孩子一起做这类事让我们感觉自己很傻。所以，根据孩子的反应试一试，就算他拒绝了也没关系，也许改天他就愿意接受了。

从发展的角度来看，这是一个亲子之间加强信任感的好时机。当更具挑战性的青春期到来时，你也能处于有利地位。你可以给予孩子更多练习独立的机会来实现这个目标，这一点我在上面已经提到过，并将在第六章进一步进行讨论。当然，你们也可以通过嬉戏的方式玩以下这个游戏，可以实现你和孩子之间的**15分钟玩耍体验**。在房间里散布一些障碍物（垫子、玩具或装着豆子的布包），蒙上孩子的眼睛，并让他根据你发出的指示来移动。他必须仔细倾听你的话，跟随你的指示，并信任你会让他安全地穿过房间。这是加强信任感的好活动。

正是在这个年龄段，孩子开始越来越多地参与冒险行为。冒险是青春期心理发展的一个里程碑。不要劝阻孩子冒险，恰恰相反，你需要强调健康的冒险行为（本书第一章会详细讨论）。随着越来越强的独立性和隐私权而来的，是胜利与失败，这两者都是重要的学习机会。现在，道德、好与坏、对与错、成功与失败都成了重要主题，而发展与风险的健康关系则至关重要。

随着孩子进一步探索自身与风险的关系，你可能会发现，虽然他仍然认为你是权威人物，但是他越来越倾向于在许多事情上直接挑战你。在这种时候，孩子会表现出挑衅或对抗，这可能会让你感到非常沮丧和不满，但这更多的是孩子在这个发展阶段开始出现的冒险行为。想要应对这个问题，就要在你的父母边界内为孩子提供更多做决策的机会。即使你觉得孩子做出的选择是错误的，也不要批评（除非这个选择会造成伤害），而是允许错误发生，以便孩子能从中学习和自我纠正。

11 岁的孩子能够意识到有多种方法看待某个特定的情境，

而且他不惧怕向你强调这一点！这意味着他将更加善于争辩，以维护自己越来越大的主权。孩子会开始提及关于你们家庭和信仰之外的话题，这表明他越来越受到同龄人和接触的媒体的影响。这是你开始练习青春期重要育儿技能，即挑选战场的好时机。

孩子的玩耍兴趣变了，从想象力的世界转向了特定爱好，他会在这上面投入更多时间。让孩子选择他真正喜欢的东西，并允许他专注于此，即使你对他远离钢琴，投身球类运动或户外活动感到失望。最重要的是要允许他培养兴趣，尽可能长期地保持爱好。孩子在这方面能够表达自己的愿望很重要。你还会看到，对处于前青春期的孩子来说，"玩耍"更多指的是"出门"，他认为走出家门本身就是一项活动，尽管你并不觉得他做了什么事情，比如，去朋友家留宿，与朋友去商场，或与同龄人一起去电影院。

不要过度安排孩子的生活，给他多一些与朋友一起度过的无安排休闲时间，以支持他的愿望和好奇心。允许孩子邀请朋友来家里，让他们花时间在厨房里做些食物，然后把这些食物带到房间里去吃，关上门看电影、聊天。当他把朋友带到家里来玩时，既可以有隐私，同时你也知道他就在你身边。

尽管 11 岁的孩子对自己和自己的生活及朋友表现出更大的兴趣，但他（通常）还没有开始回避家庭时间，所以要利用这个（不断缩小的）窗口期维持与他的 15 分钟玩耍时间。你可以进行以下活动。

# 15 分钟玩耍

**蜘蛛网**：这是一项可爱的团体游戏或家庭游戏。大家在地板上围坐成一个圈。拿一个羊毛球、一团毛线或一卷皱纸，从你开始，说："我想感谢凯丽今天在没有被要求的情况下就清空了洗碗机。这帮了我大忙。"然后把毛线绕在你的手指上，把毛线球传给或轻轻地扔给她。接下来，凯丽说出她对面的家庭成员的名字，并感谢对方在当天或当周做过的一件帮助她的事情，然后把毛线绕在手指上，把毛线球传给对方。重复这个过程，直到每个人都感谢了某人，也被其他人感谢了。现在，最后一个人把毛线球传回给你，你剪掉毛线末端，把松散的末端绕在另一个手指上。请大家慢慢抬起毛线，展示你们共同编织的感谢之网。

继续这个游戏，在中间放一个气球，当你说"扔"和"接"的时候，大家就用这张网来扔气球和接气球。玩好后，轻轻把网放在地上，然后互相帮助，从网里走出来。这是你们全家共同编织的感谢之网，也展示了你们作为一个家庭单位的相互联结和相互依赖——这是一个有爱的游戏，可以让整个大家庭一起玩，让大家团结起来。

**加入一些滋养性**：还有一个很好的附加步骤，就是用两张对称的圆形卡片把这张网上的毛线做成毛线球，在卡片中间剪出一个圆形的洞，并在卡片上缠上毛线，直到全部缠完，然后小心地将两张卡片中间的毛线剪开，在中心处绑好一个结，再把卡片拿走（在网上看快速视频教程会更容易掌握）。把毛线球保存起来，或者系上一个毛线圈，这样你就可以把毛线球挂起来了。这是一个保存感谢之网的好方法，你甚至可以用它来玩第一本书中列出的一些滋养性棉花球触感游戏（触摸棉花球、棉花球面部按摩、猜棉花球或羽毛、吹棉花球），用家庭毛线球来代替棉花球。

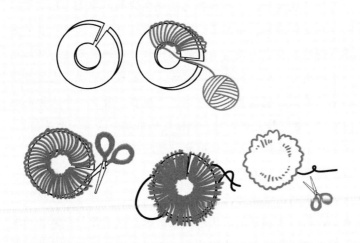

**传递脉冲**：这个游戏的玩法是大家站着不动，闭上眼睛，握住彼此的手，感受彼此，让捏手或抖手的力在团体中传递，就像传递脉冲一样。先在小组中朝一个方向传递，然后倒转过来传一遍，再同时往两个方向传递。试着玩几次。重要的是，用笑声来化解失败（当一个或多个脉冲传回来的时候）而不是纠正失败。这个游戏需要参与者聚到一起，手拉着手，作为一个有联结的团体来完成一项任务——这会很有趣的！

**传递信息（可以通过触摸，也可以通过耳语）**：这个游戏有两种玩法，我建议两种都玩，以最大限度地发挥 15 分钟玩耍时间的潜力。从触摸的方式开始。大家站或坐成一圈，每个人都向右转，面对前面那个人的背部。每个人都直视前方（也可以闭上眼睛）。从你开始，在前面的人背上描画一条简单的信息（一个字母、数字、形状）。前面的人把他获得的信息传递下去，直到信息最后传回到你的背上。看看信息是有了很大的变化还是一点都没有变，是非常有趣的。同样，不要纠结准确性，而是更多专注于乐趣、笑声和参与感。现在重复这个游戏，在你旁边人的耳朵里说些悄悄话，让他把悄悄话传递下去，直到悄悄话传回到你的耳朵里。再一次看看，信息在这一路上发生了什么变化，这非常有趣。**提示**：记得要双向发起游戏。换句话说，如果你开始时是向右发送信息，在第二轮时就向左发送信息。在小组及家庭游戏中，让每个人都有机会给予和接受信息。

## 差不多好就行了

一家人一起玩耍对形成健康的家庭关系至关重要。如果每天保证与每个孩子单独相处 15 分钟会很难，那么一家人一起玩 15 分钟就已经很好了。此外，到了童年中期，当孩子开始觉得"玩耍"太过幼稚，或者当你为孩子在青春期远离你做准备时，孩子会更愿意参与更温和、更有条理的小团体游戏或家庭游戏。这类玩耍也可以很好地改善兄弟姐妹之间的关系——在童年中期，孩子可能会被弟弟妹妹激怒，但又无法融入年长的哥哥姐姐的群体，这可能会给他带来很大的压力。

在这个日益数字化的时代，我们可以分辨出与孩子真正相遇（联结）的时刻和平淡无奇的时刻之间的区别，后者是当你试图接近孩子而他却沉浸在电子设备之中时。从孩子的角度来看也是一样的——他知道我们什么时候真正在那里，准备好与他联结；我们什么时候只是出于觉得自己应该这么做而"装模作样"。家庭玩耍提供了分享快乐和相互联结的机会，如果不是玩耍，可能在一天中都很难出现这样的机会。

在童年中期，孩子的友谊也有了变化和发展，团体开始在他的世界中发挥更大的主导作用，本书第二章将做进一步探讨。让孩子参与家庭团体游戏，以便体验团体的动态和自身在团体中的角色，能够支持孩子在这个阶段的发展。

## 成长的"梅开二度"

12岁时，男孩和女孩的身体变化都达到了顶峰，情感上的青春期也全面展开。孩子正在进入一个重新发现和定义自己是谁的阶段，无论是在与自己，还是与周围人的关系中。

你会看到孩子叛逆和寻求独立的明显证据，但我更想把它看作是发展领导力的阶段。孩子会有良好的社区意识，知道有些人不像他这样富裕（社会方面、经济方面或其他方面），此时一家人可以列一个短短的慈善行为清单，让孩子选择其中的一项，然后整个家庭在这一年里为之努力，提供支持。当叛逆、寻求独立和领导力的驱动力汇聚在一起时，父母保持温和且坚定的边界比以往任何时候都更为重要。你要清楚地表达你对孩子的期待，以及违反家庭规则的后果是什么，要预判孩子也会试探你的边界。

孩子越来越偏爱电子产品，以及和朋友出去玩。此时，与孩子保持嬉戏性的联结很重要，但他可能觉得传统的游戏很幼稚。我建议你选择有挑战性的游戏，以维持 15 分钟的玩耍时间。

## 充满挑战的时期要玩充满挑战的游戏

有挑战性的游戏能培养孩子的自尊心和自我效能。这类玩耍能让孩子展示自身的能力，以及为了获得成就感勇于走出舒适区。这类玩耍也支持冒险。我所建议的挑战性游戏都需要合作，而且要在孩子的发展能力范围之内，我们希望孩子体验到对任务的掌握感。不过在这个年龄段，你可以为这类玩耍增添更多的竞争元素，比如将家庭成员分为两个团队，团队成员之间有合作，但团队之间有竞争。此外，还可以考虑如何在其他类型的活动中嵌入挑战。增加游戏的挑战难度也有助于激发孩子的参与兴趣。

**加大难度的镜像游戏**：站在孩子对面，与他面对面（如果你的膝盖可以承受的话，最好以跪姿玩这个游戏），邀请他准确地反映你的动作（没有语言，只做动作）。你可以通过让孩子站在两三个垫子上，一边保持平衡一边专注反映动作来增加这个游戏的难度。

**拔河比赛**：你可以和孩子两个人玩，如果有更多玩家的话，那就分成两队。拿一条长围巾或其他材料，也可以用一根跳绳，玩家分别拿着对立的一端。在你示意开始时，不要用"准备——开始"或"1、2、3、开始"，而是选择一个增加联结感的提示语"当我说你的名字（或者我们拉的这个东西）的时候……"。根据孩子的年龄和身体状况玩耍（我在没有有意识地让孩子赢的情况下已经输了很多轮），如果你"赢了"，把孩子拉过来，拉入你的怀抱；如果孩子赢了，你就"跌入"他的怀抱，与他拥抱一下；如果孩子不想拥抱，也可以击掌。

**增加难度的豆袋平衡游戏**：拿一个或两个可以用来扔的豆袋（装了豆子的小布袋子），或把小型豆袋玩具（如果你有的话）放在孩子的头上。如果孩子不是站着的，就邀请他站起来。记住，从跪姿或坐姿变成站姿，同时在头上顶着豆袋，这已经增加难度了。现在孩子站起来了，由你引导他在你们所在的空间里走动。向前走两步……踮着脚向右走……做深蹲然后起立……转身……倒着走。你引入多少挑战将取决于孩子的能力，这是一个可以随着他能力增长而增加难度的游戏。

虽然 12 岁的孩子有较强的逻辑思维、抽象思维、批判性思维和解决问题的能力，但请记住，他的大脑前额叶皮层部分还没有发育成熟，所以有时候会发脾气、情绪失控、反复无常和不耐烦。孩子会非常强调公正和公平（这在他看来非常重要），并会要求你证明和解释你作为父母做出的决定，因为这与他有关。同样，要挑选战场，这种时候，一旦你解释了你的选择（通常是围绕为什么他不能做某事或去"他所有的朋友"都可以去的地方），接着你说"我已经告诉了你为什么，你现在知道原因了"，最后"我说不行就是不行"就成了一个可以被孩子接受的答案。

孩子在这个阶段将开始尝试那些与你的品味和生活方式截然不同的东西。你那 12 岁的小孩会宣布他现在是素食主义者，而你吃肉是"不道德"的。如果你有精神习俗，他会决定放弃它；如果你没有，他则要皈依。**鼓励孩子的好奇心，但要确保好奇心是积极的，而且要让他参与选择的过程。**我的意思是，你不需要在谷歌上搜索各种素食食谱，而是要鼓励孩子加入你探索和学习的过程。你不需要支持他的政治事业或精神习俗的选择，但是要帮助他研究和了解更多，甚至和他一起参加几次当地的团体活动，并在事后共同反思那些人说的话。

试着把童年中期看成微调孩子发展方向的机会，以便为青春期做好准备。**为孩子提供练习独立、健康冒险、在尝试—失败—再尝试中学习、自我纠正的机会。**你可以逐步教他保持个人卫生的责任，并让他参与有关世界事件和生活事件的对话，问他对周围发生的事情有什么看法和感受。

在这个过程中，玩要至关重要。它支持着孩子正在经历的身体、情感、社交和神经系统的变化，并让你根据孩子的发展状况重新定义边界，同时保持并维系亲子间的嬉戏性联结。

从本质上讲，童年中期是一个过渡时期，不同的孩子在情感和身体成熟度上会有很大的不同，所以在判断什么对你和你的孩子来说是正确的时，请相信你作为父母的直觉——你永远是你孩子的专家，但如果有任何疑问，请向全科医生、老师、儿童心理治疗师、心理医生咨询求助。

第一章
Chapter 01

# 风险

　　冒险是青春期发展的一个重要里程碑（本系列第三本书中会有更多介绍），但为与风险的关系打好基础则始于童年早期，我们必须根据孩子的成长阶段处理他与风险的关系。比如，当宝宝开始爬行，或摇摇晃晃地站起来时，你可能发现自己有幸生了一个"攀登者"，孩子会把家里的每一件竖立的家具和窗台都视为可攀登的东西。

　　简单来说，冒险行为就是在结果未知且无法完全预测的情况下做出抉择或采取行动。它意味着一件事情从一开始就有可能成功，也有可能失败，但你还是决定去做。在童年早期过后，冒险行为会涉及结交新朋友、加入运动队、学骑自行车或滑旱冰。还有一些更为消极的冒险行为，比如偷窃、撒谎、欺骗。之后，在青春期早期和中期，冒险行为还可能涉及饮酒、吸烟和性行为，以及过度节食或其他自我伤害的行为。

在育儿过程中，你需要在孩子的所有年龄段，特别是在童年中期，鼓励他进行健康的冒险行为，为应对日后消极的冒险行为对他产生的吸引力做好准备。

冒险行为汇集了两种动机系统：一个是使人对惩罚敏感的系统，另一个是使人对奖励敏感的系统。发展性玩耍的三个阶段使孩子能够从根本上调节和平衡这两个系统。现在让我们来看看这些发展性玩耍的阶段。

**第一阶段**是乱糟糟的、关乎触觉的感官玩耍阶段，包括玩沙子、玩水、玩泡泡、玩橡皮泥和听音乐。在这个阶段，你会看到孩子对装玩具的盒子比对玩具本身更着迷，因为盒子关乎容纳，它让孩子发现什么东西在里面，什么东西在外面。这个阶段的玩耍关乎发现"我"在哪里结束，而"我"之外的世界和其他人从哪里开始。

**第二阶段**，我们看到孩子开始接受和考虑其他人的观点，这加深了他对外部世界的理解。孩子会玩小娃娃（微型世界类的游戏），并让它们互相交谈和互动。考虑其他人的观点对孩子培养共情能力、批判性思维、互惠行为和综合教养至关重要。

**第三阶段**的玩耍是角色扮演，但要注意，这是一种戏剧类游戏，而不是装扮类游戏。在这类游戏中，游戏会决定道具的功能——围巾从来不只是一条围巾，它是魔毯、野餐垫、绷带、婴儿毯或超级英雄的斗篷——而不是道具决定游戏的内容，例如穿着公主裙就意味着我只能是公主，不能是别的角色。在第三阶段的玩耍中，孩子突破边界，测试如果自己扮演生活中的其他角色会是什么样子，比如扮演父母、医生、教师、音乐家或建筑工人。

孩子需要花 7 年的时间来完成这些阶段。只有完成了这些阶段的玩耍，孩子才能锻炼出自我调节情绪的重要能力。面对冒险行为是真正考验这种能力的时刻。如果你的孩子仍在为自我调节情绪而挣扎，你就需要在这方面积极地引导他。相反，如果你觉得孩子已经有自我调节情绪的能力了，那么你要允许他承担健康的风险，并加强健康的冒险活动对他的吸引力，让他意识到，这些活动带来的奖赏更值得他付出精力。

## 父母的风险自我评估

首先，暂停一下，花些时间反思你自己与风险的关系。你是受奖励的驱动和激励比较多，还是受惩罚的驱动和激励比较多？请注意，以下内容不是心理测试或评估工具，纯粹用于个人的自我反省。

1. 你受到过金钱的强烈驱动吗？
2. 在餐厅里，把一道菜退回去或提出投诉对你来说很难吗？

3. 如果你认为某事是违反规定的，你会不做这件事吗？

4. 酒精在你的社交生活中占有重要地位吗？

5. 你是否曾因为宿醉而无法带孩子参加周末活动？

6. 别人对你的看法或感受是否会影响到你的行为？

7. 在新环境中，你是否感到焦虑或恐惧？这是否会让你退出某个活动或事件？

8. 你是否经常为了引发别人的赞美而做一些事情，即使是你不想做的事情？

9. 如果一件事情带给你相同程度的快乐和潜在伤害，你会做这件事吗？

10. 那些最了解你的人如何描述你在风险方面的偏好——是风险承担者还是风险规避者？

11. 当你还是个孩子时，你喜欢团队运动和结识新朋友吗？

12. 你是否经常提议做新鲜的事情或用新鲜的方法做某事？

13. 你能够轻易列举出三项积极的冒险行为和三项消极的冒险行为吗？

14. 当你是青少年的时候，你曾经有过什么冒险行为？你是这些行为的鼓动者还是别人提议后的跟随者？

15. 你在商店里偷过东西吗？如果有，偷东西之前、期间或之后的感受如何？

16. 你被逮捕过吗？如果有，你的感受如何？被逮捕后发生了什么事？

17. 在公共场合发言对你来说容易吗？

18. 在工作中要求加薪对你来说容易吗？

19. 当你看到孩子摔倒并受伤时，你有什么感受？你会怎么做或怎么说？

20. 当你参与孩子的运动或活动时，你的感觉、行为如何？

了解你自己与冒险行为的关系，对你在这个阶段的育儿非常有帮助。如果你是一个风险规避者，你可能会把这种犹豫和回避传给你的孩子；如果你是一个不考虑结果的大冒险家，你也是在为你的孩子树立榜样。

　　我们希望孩子承担风险，希望他在不熟悉的情况下和环境中把握机会，尝试新鲜事物。我们希望孩子在即使无法提前预知结果并有可能失败的情况下仍然尝试新鲜事物。我们希望孩子参加团队活动和运动，其中有着天然和必然的输和赢的机会。我们希望孩子至少在大部分时候承担积极风险，而不是承担消极风险。

　　要实现这一点，父母必须以身作则。我们必须拥抱风险，像拥抱成功一样拥抱失败，并讨论失败带给我们的启示。回避风险并不是承担风险的积极替代方法。回避反映了一种恐惧，这会使育儿在青春期的风险承担阶段变得非常困难。如果你的孩子感到恐惧并因此回避风险，你必须温和且坚定地找到微小的机会来让他尝试冒险行为，并逐渐帮他建立起承担风险的勇气。如果你的孩子是受到奖励驱动的冲动冒险者，几乎不考虑结果，你同样需要介入并改变他与风险的关系。这时你需要确保孩子有足够的机会来进行更安全、级别更低的冒险行为，并鼓励他在采取行动之前按下内心的暂停键。

　　健康的冒险在于平衡。健康的冒险既有足够的恐惧让我们暂停并考虑结果，同时也有足够的奖励驱动，让我们看到由于潜在的可能性和可以学到的经验教训，冒险是值得参与的。

保护孩子是我们作为父母的基础本能之一。但如果我们不断地跳出来拯救孩子，为他做一切事情，他又怎么能学会应对随着成长和发育而来的挑战呢？他将如何学会承受同辈竞争带来的压力，并在面临加入团队还是走开回家的抉择时坚守自己的立场呢？

想象以下这个场景并且留意一下，当我向你描述这个场景时，你的内心被激发出了什么。我希望你完全按照我以下写的内容去想象，即使这不是你的本能。

你站在游泳池的儿童浅水区一端，招手让孩子过来并走到你身边。孩子走到泳池边上，愣在原地。他拒绝再往前走。他叫道"我不行""我害怕""把我抱进去"或者"过来接我一下"。但你待在原地不动。你不为所动地微笑着向他招手。他摇摇头。你说："来吧，你能做到的，在泳池边坐下，然后滑进水里就好了。我就在这里等你。"他摇摇头，嘴唇开始颤抖，眼睛里噙满了泪水。"求求你了，来接我吧。"你还是不为所动，微笑着向他招手，并重复说："来吧，你能做到的，在泳池边坐下，然后滑进水里就好了。我就在这里等你。"两分钟过去了——那可是整整 120 秒。在这段时间里，你所做的仅仅是待在原地，保持微笑，不论孩子说什么。然后，孩子在泳池边坐下，滑入水中，走到你站着的地方。"我做到了！"他欢呼雀跃。

你的感受如何？在以上这个场景中，你从哪一刻开始感到焦虑或烦躁？你会采取怎样的不同做法，为什么？如果让事情按上面所说的方法展开，可能会有什么益处？

为了让孩子克服恐惧，我们作为父母和主要照料者，必须要有耐心，用陪伴和含蓄的鼓励来安抚他。这样孩子就会知道并感受到自己并不孤独，只是需要再努力一点，找出解决方案。孩子每天都需要有机会练习应对（合理且与发展阶段相匹配的）风险，这有助于他成长为有能力且能很好地应对青春期风险的青少年。我们也在巧妙而持续地为他赋能，使他适应并相信自己的直觉和能力，这能让他建立自信和自我效能。

那么你如何知道某项风险是合理的，且与孩子的发展阶段相匹配呢？你可以问问自己（并回答），可能发生的最坏情况是什么？这种风险会带来怎样的益处和潜在的经验教训？

## 冒险行为的好处

鼓励孩子并创造机会让他参与冒险行为有很多好处，其中非常重要的益处已经在上文提过——为神经系统的重塑打下关键基础，这种重塑在童年中期就已经开始，并在青春期早期明显增强。除此以外，这个发展阶段还有其他亲社会的益处值得你牢记在心，包括但不限于：

●**鼓励批判性思维和反思性实践**：在考虑是否采取冒险行为时，孩子必须停顿下来，问自己如果这样做可能会发生什么。如果是爬树这类活动，停顿的时间会很短，决策的过程会很短。停顿并思考本身就是一种重要的生活技能，它让孩子感受自己的直觉并依此采取行动。能够承担风险并在事后停顿下来反思结果，这有助于培养孩子的直觉和战略思维，帮助他在长大后会考虑具有更大赌注的风险。

●**促进身体发育**：大脑是一个迷人的器官，它天然就会激励人采取必要的行动来帮助全脑发育。就这一点而言，孩子被本能地激励着去冒险，以此来调整和加强自己的精细运动与大运动技能、协调能力和身体灵活性。在承担风险的过程中，孩子增强了个人安全意识，学会了跌倒、爬起来，以及如何安全地跌倒或改变风险以避免跌倒。合理且适当的冒险提供了感官刺激，让年幼的身体和大脑茁壮成长，在发展中不断前进。

●**加强社会技能发展**：正如我们所知，有时候成年后的巨大冒险行为是在人群中找到并发出自己的声音。这个阶段是让孩子开始承担社交风险的好时机。你可以鼓励孩子参加课外活动，加入需要认识新朋友的同龄人群体。你还可以鼓励孩子主动与操场上遇到的孩子玩耍，鼓励他在咖啡馆或餐馆里自己向服务员点单，或者在商店里自己走到收银台付款。在家里，你可以鼓励孩子对某件事情发表自己的看法，然后你对此做出回应，这样他就能发现别人可能会有与他相同或不同的看法。

●**培养自信和自我效能**：体验成功带来的喜悦、失败带来的失望以及为了弥合两者的坚持不懈，都是培养心理韧性的基本要素。合理且适当的冒险可以让这个年龄段的孩子充分了解，自己有能力克服障碍，并为问题和挑战找出解决方案。

● **抵御未来的不健康风险**：在童年中期学会参与甚至拥抱合理且健康的风险，有助于孩子更好地对即将在青春期出现的不健康风险说"不"。在体验式的"做事"之中培养对风险的健康理解，有助于孩子整合出更强的直觉意识，明白什么是适合自己的，并让他在面对消极风险时能够说"不"。

从童年早期就开始培养孩子的能动性和对合理风险的投资，并在童年中期逐渐增强。拥有能动性意味着孩子能够学会独立行动，在做出自由选择的同时为自己的行为负责。这有助于孩子构建自尊心、更强的自我意识（理解在这个世界中以及在周围人的关系中的自己）和健康情绪。能够为自己做出选择和决定，让孩子感到他可以掌控那些影响自己的事件，并且能够对他生活的世界产生影响，孩子会认为自己是有能力和有贡献的社会成员。既然育儿的目标就是把孩子培养成独立的成年人，那么在冒险这件事上冒点险当然是值得的。

在本章中，我所提到的"风险"都是指"合理风险"。我的意思是，要让冒险行为对孩子的发展有益，首先它必须与发展阶段相匹配。当谈到支持冒险行为的玩耍时，我推荐基于挑战的活动，当然这些活动大多是合作性的挑战，而不是竞争性的挑战。如果是竞争性的，则往往涉及两个团队之间的游戏，这样玩耍中既有团队之间的竞争，也有团队内部的合作。我还建议你在开始时设置一些在孩子发展范围内的挑战性玩耍任务，然后一点一点地增加挑战难度。请记住，我们希望利用这类玩耍来支持和建立孩子的自信心和自尊心，传达这些重要信息：哇！看看你能做到的事情，让自己走出去冒险尝试是多么令人振奋。

如果你是一个不喜欢冒险或非常好胜的家长，那么你必须温和且坚定地挑战自己。始终记住，孩子会从我们，也就是从他的父母和主要照料者那里获取社会线索和情感线索，所以我们必须成为引导他的积极榜样。如果你厌恶风险，请停下来思考一下可能是因为什么：是否跟你自己的成长和被抚养经历有关？风险对你来说意味着什么？有一些方法可以让你从微小且有趣的风险开始（见下文），逐渐提升自己的冒险能力。如果你有和你共同育儿的伙伴，或者有朋友、家人为你提供手把手的帮助，那么你可以让他们先引领这些冒险类的玩耍，而你则在一旁观察，直到你能够放心地加入玩耍。

对于争强好胜的父母来说，你很清楚自己需要把注意力集中在合作性的玩耍上面，把你所有的能量和口头鼓励都放在孩子的努力而非结果之上。不要设定目标或记录比分，至少在这个阶段先不要有这些。同样，依靠一个竞争性不强的共同育儿伙伴、朋友或家人，让他示范更为平和的合作性玩耍。以下是一些提议。

## 简单有趣的冒险类玩耍

# 15 分钟玩耍

**平衡垫、跳垫子**：在地上放一个垫子，让孩子站到垫子中心点上面（这一步很简单）。表扬他的努力："站到垫子中间来保持平衡，这个主意真不错。"然后让他跳下来（可以跳进你的怀里，为这个游戏增加一点滋养性；也可以跳到大型豆袋里。如果孩子的年龄比较大或者精力比较旺盛，你也要注意自己的安全）。现在把第二个垫子放在第一个垫子上面，重复这个过程。

每一个回合都变换一下你的赞扬，但仍然要强调孩子的努力而不是结果。每个回合垫高一个垫子，直到孩子开始摇摇晃晃，然后你介入并说："这一次，你一边在垫子上保持平衡，一边用一只手抓着我的肩膀。"你知道自己在帮助孩子保持平衡，但你的说话方式让你的帮助成为这个游戏的一个合理部分，这样就能维持孩子的成就感。

另一个向下调节情绪的活动是**捡棉花球**，如果你的孩子比较内向，或者当你想把孩子高涨的能量调低一些时，这个游戏就很不错。把孩子的袜子脱掉，在他面前的地板上放一个棉花球。告诉他，他必须用脚趾把棉花球捡起来，把脚抬起来再放下，或者把棉花球放到你拱成杯子状的手里。一旦孩子完成了一个棉花球的游戏，就再放两个棉花球并重复。继续游戏，每个回合增加一个棉花球，直到孩子开始感到很有难度（通常最多五个棉花球）。如果孩子失败了，就赞扬他的努力，并把失败揽到自己身上："是我弄得太难了。我们用另一只脚再来玩一遍，这次我最多放四个棉花球。"同样，专注于赞扬孩子的努力而不是结果，可以这样说："哦，我看到你动作很慢，确保自己抓牢全部的棉花球——这真是个好主意。"

还有一个不同的玩法，拿一把棉花球，让它们散落在房间里或地板上。你坐在一个地方不动，让孩子用一只脚跳来跳去，另一只脚一次捡起一个棉花球，然后跳到你身边给你。重复这个动作，一次一个，直到你收到了所有的棉花球。为了给这个年龄段中稍大的孩子（他们更享受竞争）增加一些温和的竞争，你可以（用毡头笔）给棉花球涂上颜色，看看谁能最快归还棉花球。如果你碰巧有一个四人或更多孩子的小团体（无论是自己的孩子还是在聚会或参加玩伴约会[1]时遇到的孩子），你可以把孩子们分成几个团队，看哪个团队能最快完成任务。如果团队里人数众多，记得增加棉花球的数量。

在冒险方面还有一个我喜欢的游戏，它同时涉及**风险与信任**，是我改编的"盲人摸象"游戏。你需要先带孩子参观整个空间，在参观的时候，告诉他你会如何在地板上放一些（安全的）

---

[1] 玩伴约会（play date），父母们为几个孩子安排时间一起玩的社交活动，在本系列第一本书中有详细介绍。

障碍物，比如垫子或柔软的玩具。接下来你说，你会遮住他的眼睛，这样他就看不到了，然后你用声音引导他从房间的一端走到你身边来。在做这个游戏之前，你们之间必须建立一定程度的信任。孩子必须相信你会安全地引导和指导他穿过房间。

　　一些带有冒险性质的家庭**桌游**也很不错（任何有输有赢的活动都具有冒险性）。我特别喜欢那些无关策略，纯拼运气的冒险类游戏，比如蛇梯棋（Snakes and Ladders，用格子棋盘进行的游戏，棋子顺梯子图案前进，顺着蛇图案后退）。儿童版的你比画我猜游戏（你可以随便在草稿纸上写词语，然后把纸放在碗里，而不是购买包装好的游戏套装）或颅骨游戏[1]（玩这个游戏需要团队在创意、数据、知识、文字游戏和表演风格等各方面做出努

---

[1]　颅骨游戏（Cranium），由惠特·亚历山大（Whit Alexander）和理查德·泰特（Richard Tait）在1998年创造的聚会桌游，玩家被分为不同小组，进行团队合作，根据道具的要求完成不同任务。

力），包含的风险包括表演、必须以非语言的方式传达信息、与他人合作，这会让孩子用有创意的方式承担这些风险。"猜猜我是谁"游戏也很好，它要求参与者使用描述性问题来找出答案。"牛仔"[1]游戏则能很好地锻炼精细运动技能，还可以测试出孩子的低受挫阈值。

---

[1]　牛仔（Buckaroo！）游戏的内容是玩家轮流在一个塑料马上放置物品，当一个玩家放置物品后触发马的腿弹起并甩开所有物品时，该玩家出局。

第二章
**Chapter 02**

# 童年中期的友谊

在这一章的开头我要强调一下，除了极少数的例子，你不应该干涉孩子的友谊。友谊本身就是一条发展曲线，在整个童年时期会发生很大的变化。孩子们会彼此变得合拍，然后变得不合拍，然后又重归于好（也许不会），这个过程会反复发生。除了极少数情况，如果你插手孩子的友谊，代表他去谈判友谊关系的边界，或者把他从与朋友的争吵中解救出来，对他都是没有帮助的。这也意味着，当你看到孩子选择你不认可的友谊时，你得忍住不说话。不是你在选择朋友，也不是你在犯错误，如果你不允许孩子做出这些选择，他就无法学会如何谈判自己在关系中的边界。

当然，我所说的极少数例外情况是，当你得知孩子参与了霸凌行为（无论是作为受害者还是加害者），那么你应该介入，并根据你了解的情况采取行动，请学校、活动协调人或对方家长注意此事。请记住，霸凌是一个或一群孩子反复地、有针对性地欺负另一个孩子，或一个孩子教唆其他人一起孤立另一个孩子。孩子有时会对彼此刻薄和粗鲁，虽然这让人深感不快，但这并不是霸凌。这一点在本系列第一本书中有更详细的论述。

友谊对于培养孩子的自尊心和能力很重要，在童年中期非常必要。在8—12岁的孩子身上，你还会观察到同性友谊的趋势，因为童年中期的友谊主要基于孩子感受到的对方与自己的相似之处。你可能还会观察到，对于那些孩子觉得没多少共同点的人以及与自己不同的人，他们会突然变得不能容忍，或者越来越不能容忍。这也是我为什么要强调霸凌和粗鲁、刻薄之间微妙而明显的区别，因为在这个发展阶段，孩子会自然而然地变得更粗鲁和刻薄。这种偏见化的刻板态度往往是短暂的，因为孩子正在加深对自己是谁以及自己喜欢和谁在一起的理解，你可以温和地挑战这种刻板态度，但无须恐慌你的孩子形成反社会人格。

研究表明，正是友谊的互惠性大幅度增强了孩子的自尊心和对他人的积极态度与看法。如果你的孩子对某个孩子抱有好感，并希望和他成为朋友甚至是最好的朋友，而对方也做出了相同的回应，那么这对你的孩子的发展会很有帮助。

此外，这也是一个停下来反思的好时机，可以想想你自己的童年友谊，甚至是目前的友谊。

- 朋友对你来说有多重要？
- 你定期与朋友见面吗？
- 你的朋友是否与你生活中的特定领域有关？例如，通过你的孩子就读的学校、自己的工作结交的朋友，或者你和伴侣一起认识的其他伴侣朋友，又或是你的邻居？
- 有没有那么一个人，你知道自己在需要时可以"二话不说"去找他？
- 你是否有一个可以立即分享好消息和坏消息的人？
- 你最长久的友谊持续了多久？
- 你还记得你第一个真正的朋友吗？当时你多大？你能回忆起你们是如何相遇的，以及你喜欢这个人的什么吗？当时你有怎样的感受，现在回忆起这些又有怎样的感受？你仍然熟悉这个人吗？你对他的感受产生了变化吗？你们仍然活跃在彼此的生活中吗？你们之间的故事有怎样的发展？
- 在小时候或在学校时，你可曾为友谊而挣扎？
- 你对好孩子和坏孩子有什么特别的看法吗？在脑海中回想一个这样的孩子，并问问自己，这个孩子对你来说是什么人？他让你想起了你生活中的谁？暂停一下，思考自己是不是把对别人遗留下的感情投射到了那个孩子身上。
- 你希望自己的孩子与哪种类型的孩子交朋友？你是如何处理自己的这个看法的？

现在想象一下，你的孩子说他今天想把在学校结交的新朋友带回家玩。你同意了。当那个孩子来到你家时，你发现他并不是你想让自己孩子与之一起玩的人（你可以自行想象是什么原因，或者那个孩子的什么行为或特质引发了你的这种感受）。现在反思一下你对这件事的感受，以及你认为你会为此做什么或说什么（如果你会的话），从而改变这件事。

## 如何结交以及留住朋友

深入体察自己与朋友的关系，思考朋友在你生活中扮演的角色，你会看到自己是否在试图通过孩子的友谊来解决自己的问题。无论是作为父母还是作为人本身，友谊对我们都很重要。我们需要有自己的朋友，最好有一个不是通过学校或工作而结交，只是因为很合拍而留在我们生活中的朋友（不是作为父母、同学或同事而合拍，当然在这些情况下也可以建立有意义的友谊）。

重要的是，我们要后退一步，允许孩子在生活中重视友谊，结交各种朋友，发现他最喜欢与谁待在一起，谁能激发他最好的一面，谁能让他觉得"被理解了"。我们必须允许孩子受到伤害、感到失望和失落，在他哭泣和哀悼失去的友谊时给予他支持，帮助他内省，以使他能够整合学到的经验，让他在结交其他朋友时得到引导。

同样，我们应该允许孩子探索与一个（看起来）与他完全不同的人交朋友是什么感觉，而不是评估（甚至断言）那个孩子不适合当他的朋友。在玩伴约会结束后，你可以和孩子坐下来聊一聊，在与那个孩子共度的时光中，他最喜欢哪一点。我们应该在孩子接触所谓的酷小孩（也许你的孩子就是那个酷小孩）时，后退一步，安静但机警地观察。这将使孩子能够在没有你为他的行为赋予意义的情况下，自然地实现融入群体或被同伴接受，甚至是被他人仰视的愿望。这种与同伴和群体的社交实验很重要，因为这是童年中期的一个关键部分，能够让孩子加深对自己是谁和周围其他人是谁的理解。探索、测试、违抗、重新定义限制，帮助孩子长成守住边界感的青少年，或至少知道边界的存在的青少年。

　　到了童年中期，孩子展现出同时关注多种视角的能力（也许你还记得，这种能力大约是在孩子 4 岁时，在发展性玩耍的第二阶段培养出来的）。不过，在头脑中同时保持两个相互冲突的观点对孩子来说仍然很难。他能意识到自己的想法和感受以及朋友的想法和感受，但无法同时持有这两种意识。这意味着孩子很难象征性地后退一步，识别自己友谊中（好或坏）的模式，他需要这方面的帮助。

　　对你来说，最好的方法不是跳出来告诉孩子这是怎么回事，而是要忍耐，温和地和孩子一起思考你观察到的某些模式和主题。"大卫今天迟到了，而你当时在等他。我好奇，这让你有什么感受？你是不是经常有这样的感受？"如果孩子对此不屑一顾，说没事，他不介意，那就别管了。孩子会自己思考这个问题，产生新的觉察，得出自己的结论。也许答案不是你想的那样，也许孩子对大卫的迟到无所谓，是因为他知道大卫有一个有特殊需求的兄弟姐妹，那个孩子需要花去大卫父母更多时间，所以大卫经常要等待他父母安排好，再送他去某个地方。你通过引入内省性问题向孩子示范，告诉他可以反思某些事情和经历给他带来的感受。

这个年龄段的孩子往往也有强烈的正义感和公平意识。孩子坚信，如果他为某人做了好事，那么那个人就应该投桃报李，也为他做一件好事。当对方没有回应时，他会对这段友谊感到非常失望，甚至想终止这段友谊，拒绝那个孩子。同样，这种时候你不应以告诉孩子别这么苛刻，而是应该用你的好奇和内省来共情孩子的感受，思考为什么人们并不总是直接做好事来回报，尽量正常化这种行为模式。孩子可能不会立即"明白过来"，也许他会坚持放弃这段友谊，但只要你温和地坚持、鼓励他锻炼内省能力（即用新的思维和新的角度来回忆事情的能力），孩子会自己想通这个问题。

有些童年中期的孩子坚守规则，这可能会导致他们对自己和他人的严厉评判。他们可能对自己非常苛刻，同时用（自己往往不可能达到的）高标准要求别人。例如，孩子会相当肯定地断言，你刚给他买的新衣服将会让他在社交活动中非常丢脸，他绝对不会穿这件衣服；如果你坚持要他穿，你就是"毁了他的人生"！你认为这是歇斯底里的"戏精"表现，但这对孩子来说非常真实。他真心相信，如果他穿上令他尴尬或令他在人群中显眼的衣服，他就会被同伴拒绝。

在这个年龄段，适应和融入群体是最重要的事情。这是一个在服装、发型等方面给他提供更多选择的好时机，但这些选择应该仍在你的边界范围之内。你可以为服装设定一个价格限制（因为是你付钱），并告诉孩子，如果你认为他选择的衣服不适合（无论是为特定场合还是为一般情况选择的衣服），你有最终否决权。

孩子的同伴是"像他一样"的孩子们，他们有很多共同的兴趣和观点，所以他们倾向于形成封闭小组或俱乐部之类的团体，这很正常。他们甚至可能会给他们的"俱乐部"起个名字，并有一套团体成员必须遵守的规则或行为准则。（我想起2004年美国青少年喜剧电影《贱女孩》中的一句台词"在星期三我们穿粉色衣服"，这部剧的编剧是蒂娜·菲。）无须担心，这很正常，而且通常是转瞬即逝的——俱乐部的名字、规则可能在很短的时间内就会改变。

这个年龄段的孩子非常重视同伴，他们对此投入大量精力。他们希望倾诉和被倾诉，他们想知道并保守对方的秘密，他们真的关心对方是否快乐和幸福。他们就好像是彼此的延伸一样，时刻待在一起。相比男孩的友谊，这个年龄段的女孩的友谊表现得更为真实和明显，但你肯定也会在一些男孩的友谊中观察到类似的模式，尽管可能没有那么明显。由于孩子对友谊十分投入，不管是轻微还是全面的背叛，甚至是感受上的背叛，都会深深地伤害他们。

在这个年龄段，女孩投入友谊的强烈程度明显增加，同时，你可能会观察到男孩之间的竞争感也有所增强。一些男孩会比其他男孩更适应。玩挑战性游戏（比如第一章末尾列出的家庭游戏，这些游戏虽然采用合作的方式，但也会把玩家分成团队，比如父母对孩子，或分成两队，每队各有一名家长）可以培养孩子更具竞争性的玩耍能力，以帮助他更好地应对这种动态关系。

## 如何意识到一个朋友已经变成了友敌

随着儿童的成长和发展，他们的友谊往往会遵循一个普遍的成长轨迹。这是正常、健康、可预期的。肯定会有这样的时候，你感受到一阵冲动，想把孩子从你认为对他不利的友谊中拯救出来。除了极少数情况，你不要介入，这样孩子才能弄明白，哪种类型的朋友与他互补或不搭，谁能让他对自己感觉良好或不好。这样孩子才会反思，所有人都有自己的动机和观点，其中一些人与他匹配，另一些人则不是如此。所谓的极少数情况是你看到"有毒"的友谊正在损害孩子的自尊心和自信心，并影响了他的生活质量，不管是发生在学校、活动场所还是在家里。在这种情况下，你可以采取措施，引导孩子结交其他朋友，并与他所在的学校沟通，看看是否可以调换座位或更换班级，以及询问老师是否能关注这种情况。除此以外，父母真的应该远离孩子的友谊。

凯特妈妈给我打来电话，她感到压力很大，可以说是相当恐惧。她跟我讲述了她 11 岁的女儿与班上另一个孩子之间的友谊故事——两个女孩已经成为朋友好几年了，从她们六七岁时就是朋友了。虽然她一直知道，这位名叫夏洛特的朋友比凯特更强势，也更果断，但她最初并没有对她们之间的友谊感到担忧。她进一步谈到，随着时间的推移，她注意到凯特产生了缓慢且持续的变化。她的性格变得越来越孤僻和紧张。在做任何事情之前，她似乎都需要先向夏洛特汇报。

我请凯特妈妈举个例子，她告诉我，她当时正和凯特一起为她的 11 岁生日派对制订计划。她提出了一些她知道凯特会喜欢的方案，但凯特很死板，坚决表明如果不先和夏洛特商量就无法做出最终决定。凯特去和夏洛特商量了，然后选择了三个选项中凯特妈妈觉得最不"凯特"但最"夏洛特"的那个方案。她说，这时她开始回想起很多其他的小问题，然后她和凯特谈到了与夏洛特的友谊，以及凯特已经很久没有提到其他朋友或把其他同学带回家玩的现象。她说，凯特愣住了，她的眼睛里充满了泪水，嘴唇颤抖着。她开始小声哭泣，然后哭得越来越厉害，以至于她整个身体都在颤抖。这让凯特妈妈为可怕的事情做好了心理准备。凯特谈到她是多么害怕夏洛特，以及夏洛特是怎样不允许她做出自己的选择或决定，并告诉她每天应该穿什么，可以和谁说话。凯特为此辩解道："我觉得这只是因为我是她最好的朋友，但有时我就是很怕她。"

在接下来的一周里，故事继续展开，凯特一点一滴地深入描述了她与夏洛特的友谊。事实证明，夏洛特可不仅仅是"强势"，她是控制者，这段友谊对凯特是"有毒"的。凯特固执地表示，她不希望妈妈与学校或夏洛特的父母讨论此事。

经过向我们咨询，凯特妈妈同意不与夏洛特的父母讨论此事，但她会请老师把凯特转到别的班去（他们学校提供这项选择），并密切关注事态的发展。她积极主动地鼓励凯特加入两个新的活动：一个是校内活动，与其他有共同兴趣的孩子一起参加；一个是校外活动，用来扩大她在学校以外的社交圈。

在这个案例中，我只和这位母亲合作，因为她想先自己改变一些事情，看看凯特的反应，然后再决定是否要把凯特介绍给我做治疗。我们使用疗愈性育儿回应，让凯特通过与母亲的关系实现转变。凯特妈妈向我描述了夏洛特多么不情愿放凯特走，但与妈妈分享所发生的事情似乎让凯特对分离更有勇气。她说在这个过程中她从来没有和夏洛特闹翻过，而是逐渐远离她，并投入新的友谊。

凯特妈妈说，她觉得自己需要以一种前所未有的方式主动介入凯特的社交世界和友谊，这对她来说很困难。同样重要的是，她知道自己什么时候该退出，而她也这么做了，尽管她透露说，她先打听了夏洛特将去哪所中学之后，才为凯特确定了要去的学校。"有毒"的友谊对凯特的自尊心、自信心和生活质量产生了重大影响，甚至让她出现了一些焦虑行为，凯特妈妈之前注意到了这些行为，并对此感到好奇和担忧，但直到那次生日聚会事件，她才理解这些行为背后的原因。凯特的问题花了几个月时间才得到了真正解决。

对方孩子心中可能有各种动机来创造一段"有毒"的友谊。在凯特的故事里，最有可能的解释是，凯特善良且富有同情心的天性让夏洛特很想要成为她的朋友，因为她很容易被支配和控制。正如这个案例中，在真正显露其产生的影响之前，"有毒"的友谊可以持续相当长的时间，期间并不是某个行为，而是一种模式，逐渐削弱了凯特的自尊心、自信心以及健康情绪。如果凯特妈妈没有介入干预，这种情况会继续升级，持续损害凯特的情感发展和心理健康。如果出现类似情况，我们不能选择置身事外，但值得庆幸的是，这样的事情并不多见，而且当凯特回归更典型和健康的发展道路和友谊中时，凯特妈妈就知道该退出了，这与知道该何时介入一样重要。

## 情绪韧性

我之所以如此强调父母应该后退一步，在孩子选择和体验友谊的过程中支持他们，是因为这样做在这个发展阶段对孩子培养和完善情绪韧性非常有帮助。拥有情绪韧性也将帮助孩子承受和应对刻薄和粗鲁的对待、朋友轻微的拒绝和蔑视，以及日常生活和与他人互动过程中的各种高潮和低谷。这是一项基本的生活技能。

情绪韧性是指从生活中的失望和挫折中复原情绪的能力，是我们每个人都需要发展的基本特质，它始于童年早期，其深度和复杂程度在童年中期真正得到了提高。

当孩子知道自己处于安全、可靠、可预测、平静、一致和充满爱的亲子关系中时，就会发展情绪韧性。这是情绪韧性的基石，它在强大的情感联结中茁壮成长。当孩子有机会体验健康的风险和独立时，他的情绪韧性会加强。当我们忍住帮孩子解决所有问题的冲动，并与他坐下来，一起"好奇"，让他自己得出解决方案时，孩子的情绪韧性就会蓬勃发展。当我们把孩子的情绪状态（说出情绪的具体名称）反馈给他时，情绪韧性就会得到滋养："我理解你感到气愤，因为这不是你想要的结果。我知道你考虑了很久，希望它能顺利进行。我好奇你是否还对事情的结果感到悲伤和失望。"

你在帮助孩子加深他对自己内心想法的理解；你在强调，我们外在行为（大喊、大叫和打人）的背后是我们的情绪状态（愤怒、不安）和身体状态（某件事做得很辛苦，所以很累）；同时，你也在帮助孩子积累情绪词汇，以便他下次能够更好地表达自己。情绪强韧的孩子通常拥有丰富的情绪词汇。

通过示范良好的应对技巧，以及把犯错作为学习的机会，你帮助孩子完善了他的情绪韧性框架。你的以身作则能巩固孩子的情绪韧性教育。这意味着，你允许孩子看到你犯了某些错误（当然要视孩子的年龄而定），以及你如何处理这些错误并从中恢复，之后带着新学的经验再次尝试。

偶尔让孩子看到你对某个问题感到困惑，即便是一个协调性问题也可以，比如如何同时把两个孩子送到两个不同的地方，继而找出解决方案，特别是涉及向他人寻求支持和帮助的解决过程，对孩子来说很有益处。让孩子目睹你一天中的高潮和低谷（同样需要以适合孩子发展阶段的方式），能让他学习到如何处理生活中他面临和将要面临的事情。如果我们相信育儿的目标是培养能够独立且健康地发挥功能的成年人，那么这项工作就从建立情绪韧性开始。

情绪韧性强的孩子可以积极地适应压力和逆境。这并不意味着他觉得这些事情很轻松——绝对不是如此——只是他的艰难应对不会脱轨。他能够在情绪上进行自我调节，也就是说，他能够应对自己的感受，甚至能同时应对好几种感受，并在规则允许的范围内处理事情（知道他人期望他如何行事，并很好地坚持下去），他能在很大程度上控制好自己的行为（或在行为不端后进行快速和健康的修复），也能控制好自己的冲动。

澄清一下，我们谈论的是 8—12 岁的孩子，不是机器人。因此，虽然情绪韧性强的孩子有良好、强大和稳定的能力来做以上这些事情，但同时，他也会动摇、犯错、崩溃，有时会做出一些相当糟糕的选择，这会让你停下来，怀疑他是否真的"长大了"。只是与情绪韧性较差的孩子相比，这些事情的影响更轻微，而且他从行为过失中恢复得更快，他一般会完整地经历整个修复过程。我的意思是，这类孩子完整地经历了关系出现裂痕后的修复过程，他知道自己做错了，他可以反省过错，并通过承担责任和道歉来尝试与他所伤害的人修复关系，而不是坚称事情现在已经神奇地好转了，并期望你也这样想。

　　关系性游戏（比如我的 15 分钟养育模式），即人与人之间的游戏，而不是独自一人的玩耍，有助于建立和支持孩子的情绪韧性，甚至帮助成年人提高情绪韧性，因为成年人自己也能从日常的玩耍中受益。孩子通过玩耍构建自我身份——玩耍让孩子探索和学习自己是谁，自己喜欢做什么，什么给自己带来快乐以及如何与世界和周围的人互动。玩耍帮助孩子建立自己的同伴网络，因为玩耍是关系性的和主体间的，所以它也能培养和发展友谊。

　　你们可以玩**首字母游戏**，因为这种游戏鼓励互惠和合作。选择一个主题，比如音乐家、书中的人物或电影人物（选择你孩子知道且感兴趣的主题），然后你们（并排坐在车里时或一起出去散步时玩，也可以多人一起玩）轮流用字母表中的每个字母说出一个以该字母开头的音乐家或人物的名字。难点在于你们之间是否能连续说出从 A 到 Z 的音乐家或人物的名字。我喜欢在这个挑战中加入一些合作元素：每个玩家有三次机会，把说不出名字的字母传给另一个知道答案的团队成员，以保持团队的进度，使活动继续进行。

体育游戏通过提升孩子的大运动技能和精细运动技能来建立情绪韧性，比如：

**打闹游戏**能培养这个年龄段孩子的大运动技能和协调能力。你可以在户外准备一个小型突击或障碍赛让孩子玩这个游戏：用来爬上去和跳下来的不同高度的箱子，用来钻来钻去的网，用来走的平衡木，用来跳过去的绳子，以及其他用来跑跳的各种东西。你可以根据需要布局得简单或复杂。

**制作花朵或面条饰品**可以培养孩子的精细运动能力。将珠子穿到绳子上也是个很好的玩法。如果想给游戏增加更多情绪上的体验，可以给特定感受赋予特定颜色（每种颜色与不同的感受相联系），当孩子为感受选择不同颜色的珠子时，需要分享一个曾让他有这种感受的经历。如果想增加难度，你们可以一起猜一猜需要多少颗珠子才能穿满这根绳子，然后把这个数量的珠子穿上去，看看你们猜得有多准。

**在 15 分钟家庭游戏中**，可以用你们的手打一个结，然后你们要一起努力在不松开握住的手的情况下解开这个结。游戏开始时，大家围成一圈，每个人都举起左手，伸手去拉别人的手（不能是旁边人的）。然后大家用右手重复这个过程（不能去拉同一个人）。现在，试着在握着手不放的情况下解开这个结，回到大圆圈的状态。有时大家能解开结，有时解不开。当你们解不开结时，就是在通过玩耍的方式体验和解决挫折。无论游戏结果如何，这都是一个很好的家庭合作挑战。要玩这个游戏，需要五位以上的玩家。

这类游戏有助于提升自信和运动技能，从而支持孩子建立情绪韧性。

## 象征和想象游戏

象征和想象游戏也对培养情绪韧性大有好处。假装和想象事物的能力可以帮助这个阶段的孩子区分幻想和现实，理解和反思自己以及周遭世界中他人的经历、感受和愿望。这类游戏需要孩子将一件事物假装成另一件事物，并创造出一个世界来丰富这种幻想。

**在室内或室外建造一个堡垒**：允许并鼓励孩子用家具、木棍、床单等做一个巢穴或堡垒，然后躲在里面玩耍和想象，这个过程既可爱又有趣。在下雨天，这可以成为一个很棒的室内活动。

**纸板箱**：把纸板箱保存起来，让孩子把它变成一台"电视"，他可以坐在箱子后面当"记者""演员"或"电视明星"。也许孩子还可以把一个大纸箱做成"汽车"，他坐在里面"开车"，而你拉着他在房间里走动。

**布置拼图**：你们俩或整个家庭一起玩拼图，让孩子单独玩拼图也可以。独自玩耍很重要，这应该是孩子玩耍世界的一部分，但不能以牺牲每天 15 分钟的亲子玩耍时间为代价。你可以选择一个超出孩子能力范围一点点（但不是很多）的拼图，把它作为一个挑战和努力的目标。这样的话，你可以在家中放一个复杂的大型拼图，让每个人路过它时或哪天正好有心情时拼一拼。

**共同编写一个故事**：这个游戏有好几种玩法。我喜欢使用故事方块，即每一面都画有符号的骰子。你掷出骰子，用面朝上的符号编一个故事。我喜欢从"很久很久以前"开始，因为这句话的后面可以发生任何事，并邀请孩子展开想象。另一种玩法是大家轮流讲一句话来编故事。父母可以从"很久很久以前，在一片大森林的边缘有一座小房子"开始，然后把故事交给孩子（们），让他（们）继续补充一句。只要故事还很有趣和引人入胜，就一直讲下去，当孩子的兴趣减退时，就用"完"来结束这个故事。记住不评判任何人给故事补充的内容，接受这些内容并在孩子的带领下把故事继续讲下去（即使这意味着野餐期间外星人突然降落，而你的上一句话是关于寻找狗的）。你们也可以坐在一起，花时间写一本有结构的书（包含封面、章节索引、插图等）。

你可以从上述方法中选择一个开始，然后逐渐深入，把故事写下来，并把故事变成一本书——只有在写书这件事对孩子有吸引力的情况下才这样做，如果孩子觉得这太像写学校作业了，剥夺了讲故事的乐趣，那就不要坚持写成书。当你想让孩子告诉你，那天的某个特定事件中发生了什么时，玩这个游戏也能帮助孩子提高讲述事件的熟练程度，但这是次要目的，不应该是你玩这个游戏的主要动机。

**日间露营**：搭起帐篷，让孩子与朋友或兄弟姐妹在室外露营一天。给孩子们一些口粮，并鼓励他们用你给他们的东西为对方制作食物（比如基础的三明治和一些混合水果或点心，孩子们必须想出办法来公平地分配和分享）。孩子们可以假装在山里，研究如何生存下来，分享故事，或为帐篷里的每个人分配必须做的任务，比如寻找树枝、水源（从水龙头取水就可以）。通过让孩子在白天玩露营游戏，你无须承担让他们晚上独自在外面过夜的压力。

这类玩耍帮助孩子变得更加自主，探索自己的热情和愿望，在与周遭世界互动的同时，不依赖父母就能做出选择。

## 物品游戏

在这个年龄段，还应该鼓励孩子玩物品游戏。当孩子宣布象征游戏对他来说已经太幼稚时，物品游戏也许会特别有用（尽管我打赌孩子会喜欢露营和建造堡垒的活动）。我喜欢通过分享我小时候玩过的游戏来引入这类玩耍。我会谈到手机不是我童年的一部分，在过去，电话机是固定在家里的墙上的，我们以前会用锡罐和绳子做电话来玩。一般来说，这个年龄段的孩子会嘲笑或不相信这些，那我们可以试着一起制作个电话。

**制作电话**：准备用两个空的、洗干净的、没有尖锐边缘的锡罐（或两个纸杯），以及一团麻绳。在锡罐底部穿一个洞，把麻

绳穿过两个锡罐，打一个结固定住，并确保两个锡罐之间的麻绳足够长。你手里拿一个锡罐，让孩子站在离你很远的地方，将绳子拉紧。你们轮流对着锡罐说话，另一个人把锡罐放在自己的耳朵上。提示：这是表达赞美或感谢的好时机，甚至还可以开启一场棘手的对话，比如你说你对发生的某件事情感到悲伤，而当另一件事发生时你又是多么高兴。你可以邀请孩子做类似的分享。

**制作绒球玩偶**：坐下来，教孩子如何制作羊毛绒球玩偶（在前言中的"15分钟玩耍"中，我描述了如何制作这些绒球玩偶）。在这个活动中，先让孩子搓一对绒球出来，然后展示给他看如何把绒球粘在一起并贴上眼睛贴纸，做成绒球玩偶。孩子可以和这些玩偶一起玩；或者交换玩偶，把它们作为礼物送给别人；或者把它们作为圣诞节或其他庆祝活动的装饰品（在圣诞节使用闪亮的节日颜色的羊毛做成绒球玩偶，在万圣节使用黑色和橙色的羊毛做成"南瓜"绒球玩偶）。

**制作纸鲷鱼**：把一张正方形的纸按特定的顺序折叠若干次（折法与"东南西北"折纸的方法类似），制成一个鲷鱼，鲷鱼嘴会

随着你的手指移入移出而打开和关闭。你可以给鲷鱼外部的四个角涂上颜色，在鲷鱼内部的八个部分写上数字，在底部写上八句话。你可以把主题选为对孩子的赞美，写上孩子的八项能力。你也可以创造性地使用这个纸鲷鱼，每次孩子抱怨无聊的时候，让他可以用纸鲷鱼来碰碰运气，看自己是领到一份礼物还是一项家务。你还可以在纸鲷鱼内部写上八条创意结果，作为创意开发物品。你们也可以试试传统的玩法，在纸鲷鱼内部写上八条对未来的预测。

这类玩耍鼓励孩子与他人协商，培养合作技能，通过合作来找出完成任务的方法，而完成这样的任务能帮助孩子建立自信。

有规则的玩耍活动对培养和支持孩子的情绪韧性也大有帮助。情绪韧性的一部分是你能够内化一套规则并（在大部分情况下）坚守它们。这个年龄段的孩子想要理解他们所在的世界，理解父母和其他主要成年人（教师、照顾者）强加给他们的规则，所以基于规则的玩耍对他们来说很有吸引力。比如以下游戏：

**追逐游戏**：被抓到的人现在得反过来去抓别人。

**碰罐子、墙**：一个人是"捉人者"，其他人都躲起来。当被召唤时，躲起来的人必须抓住时机出现，与"捉人者"比赛谁先碰到罐子、墙面（垃圾桶也可以）。如果躲起来的人没能先碰到，那么他现在就成了"捉人者"。

**雕像（123 木头人的舞蹈版）**：播放音乐时，每个人都得跳舞；当你暂停音乐时，大家都必须完全静止。你在大家中间走动，查看每个人是否都一动不动，如果有人动了或笑了，他就会被"淘汰"，或者你们交换位置，让他成为"捉人者"，以避免他被淘汰出局。

　　这类玩要能够提升孩子的技能，如学会轮流、应对输赢、团队合作、识别他人的线索并根据这些线索采取行动，以及解决问题等，这些技能对培养情绪韧性都至关重要。

　　情绪韧性对孩子应对友谊形成的各个阶段很有帮助。大多数真正的友谊都会经历三个关键的发展阶段。最初是**接触阶段**，你们第一次见面并对对方感到好奇。然后是**互动阶段**，在这一阶段，你们越来越多地参与对方的生活，更深入地了解对方，并找到把你们联系起来的共同点。这是一个接纳与进一步探索的阶段。接下来是**亲密关系阶段**，这个阶段的友谊意味着从更深和更侧重情感的层面了解对方。在这个阶段中，你可以读懂对方的非语言线索，甚至能"猜到"对方对某事的感受或即将产生的感受。这是一个更深入探索的阶段，是分享秘密或倾诉与倾听的阶段，亲密的友谊对双方来说都很特别。

并非所有的友谊都会经历这些阶段（成年人和儿童的友谊都是如此），这没关系。事实上，大多数人在一生中只会有少数几段达到第三阶段的亲密友谊。这个年龄段的孩子建立的友谊往往处于第一阶段和第二阶段，但在童年中期的末尾，你可能会观察到第三阶段的友谊。信任是亲密友谊形成的核心，如果朋友破坏了信任，将会对友谊关系产生很大影响，因为友谊本身被背叛了。在这方面，我们会看到这个年龄段的女孩确实比男孩更倾向于有更少但更情绪化的友谊，男孩们往往被更大的团体玩耍吸引，这些玩耍更具竞争性和规则性，如团队运动，组成和运行自己的体育联盟，捉人、追逐，等等。

创造、形成和发展友谊关系是儿童发展的重要方面。通过体验友谊，以及其中的高低起伏、分分合合、裂痕与修复，孩子会对自己和他人有很多了解。话虽如此，孩子不需要有很多朋友，也不需要受欢迎。父母可能希望看到孩子拥有很多朋友、很受欢迎，才能放心地认为孩子一切都好、很快乐，但这也有可能是父母自己对受欢迎有一些未解决的议题，并把它投射到了孩子身上（这不是评判，而是一个内省的机会）。

事实上，许多孩子与几个要好的朋友在一起时是最快乐的，孩子甚至可能更喜欢三人组成的小团体。你只需确定孩子是否快乐即可。如果孩子有几个朋友，与他们保持互动很开心，并愿意和你谈论这些朋友，那么你可以认为一切都好，他现在不需要更多的友谊。这里说的几个朋友一般指两个朋友，只有一个朋友对孩子来说可能有点难，因为当那个孩子不在学校时，你的孩子可能会觉得没有人可以一起交流或玩耍了。

请记住，尽最大的可能，**在无须干涉的时候，不要干涉孩子的友谊，而是要为孩子提供应对友谊的空间**。只有极少数情况需要成年人的干涉，在这种时候你才不得不介入去解决问题。

我绝不是要贬低或轻视成年人，特别是父母在孩子生活中发挥的重要作用，但以成年人为中心的观点会给孩子的某些发展领域蒙上阴影，友谊就是其中之一。生理天性决定了孩子需要在童年文化中成长，孩子的同伴们是他成长的核心。父母在支持、引导和塑造孩子的各个发展阶段方面发挥着非常重要的作用，但父母受到孩子引导和影响的程度应该与他们受父母的引导和影响的程度一样深。

亲子关系是一种同步舞蹈，父母知道什么时候引导，什么时候跟随，什么时候改变曲调来跳出不同的舞蹈，什么时候退出让新的舞伴加入跳一跳，都对孩子的情绪和社会心理健康发展至关重要。如果你信任自己为人父母的能力，那么你也可以信任孩子，相信他能够形成和发展独立于亲子关系之外的关系。

在这个童年阶段，我们的目标是加强和提高孩子的独立性。当孩子获得更多勇气时，他也就会变得更独立，这样他才能面对和处理那些即将到来的挑战。所以，允许孩子尝试、失败、学习、再次尝试、获得成功吧，让他成长为自信、勇敢、独立和坚韧的人。现在的基础工作很重要，因此我要强调这些，帮助你和孩子为青春期做好准备。

## 15 分钟育儿技巧，用来在需要时支持孩子的友谊

如果你的孩子在邀请朋友来家里玩时，很难真正让朋友"融入"游戏和环境，那么你可以从一个简单的烘焙活动开始，让孩子们混合你准备好的材料。当面包（或者其他食物）在烘烤和冷却的时候，让他们去玩，你不加以干涉。在玩伴约会快结束时，把孩子们叫回来一起装饰小面包。这样既让玩伴约会的开始和结束更具结构性（如果他们在这件事上需要帮助的话），也让孩子们有自由玩耍的时间。

## 让书本回归

这个年龄段的孩子对正义与公平、对与错有强烈的感受，这些主题也会出现在他们的玩耍中。孩子们玩好人和坏人主题的游戏很常见——做坏事者被抓到并受惩罚，而做好事的人则赢得了胜利。因此，这个主题会成为儿童书籍的核心主题。

阅读是让你与这个年龄段的孩子的关系保持嬉戏性、创造性和想象力的绝佳方式。如果孩子不喜欢阅读，那么就找一些他愿意看的东西，比如漫画书，孩子会更愿意接受他感兴趣的东西。

C. S. 刘易斯曾说，**我们阅读是为了知道我们并不孤单**。孩子需要知道自己要去什么地方，以及如何到达那里，书籍能比电子屏幕更好地实现这点。

千万不要以为孩子年纪小、体形小，所以他对自己生活的世界的感受和体验也很少，这不是事实。而一个好故事，一个真正为儿童读者创作的故事，能够引导孩子说出本来无法言说的东西。阅读书籍是让我们感到恐惧并探索未知事物的安全方式，因为在害怕的同时知道一切都会好起来，对孩子来说是很有力量的。儿童书籍并不害怕探索黑暗的主题，不是所有事情都有圆满的结局，孩子可以从悲伤中学到真理。阅读还能建立起孩子的大脑结构。

当然，故事不仅仅在书中。讲述故事的方式在不断发展，从口述者（Seanachaí，读作 shan-a-key，是传统的盖尔语故事讲述者，在爱尔兰和苏格兰文化中很常见，本义是"古老传说的记录者"，他们的任务是记录重要的事件、故事，甚至是法律、家族谱系等。他们将过去的故事生动鲜活地传给下一代人，目前已经成为一种公认的艺术形式），到故事袋，再到故事方块。

如果读写对你或你的孩子来说有困难，那么你可以用其他方式把讲述故事带入孩子的生活，并以此来增进你们的关系，其中一个方法就是一起制作故事袋。

故事袋是一个大布袋（我用的是一个枕头套，上面系着一些丝带），里面装着你的孩子最喜欢的书和用以刺激语言活动的辅助材料，它能使阅读成为一种难忘和愉快的经历。

## 举例——J. K. 罗琳的《哈利·波特与魔法石》

在故事袋中放入以下物品：

● 一本书——如果孩子还不太能识字，你们只听有声书，这当然很好，但我依然会放入一本可以触摸和翻阅的实体书。

● 孩子、成年人、女巫或魔法师的模型（手指布偶、乐高或百乐宝风格的玩偶都可以），你也可以经常看一看二手商店里一些有趣的旧玩具，多年来我在这类地方找到了一些很棒的玩具。

● 道具——一顶女巫或魔法师的帽子、一件斗篷、一根魔杖或可以用来代表魔杖的木棍（万圣节是囤积这类东西的好时机），一个小碗，用小管分装的水、沙子、彩色沙子或亮粉，气味强烈的食品香料（比如肉桂、姜、咖喱）。这是为了让孩子能够像霍格沃茨的学生一样调配药水。确保里面至少有一顶帽子是给你戴的，这样你能和孩子一起玩。用这些东西编造咒语，并问孩子如果他会魔法的话，他会施展什么咒语，以及他们会为自己和他认识的人许什么愿，这可以加深孩子的体验感。

● 一张魔术纸牌，或其他孩子可以学会的简单魔术（恶作剧或玩具饰物商店往往有这类东西，也可以简单地放个硬币在袋子里，在网上学一下如何表演纸牌或硬币魔术，然后教给孩子）。

● 纸和蜡笔——用来画出你和孩子最喜欢的部分。你们可以决定自己想要删除和改变书里的哪些部分，或者想要增加什么情节。

你们通过一起表演来"讲述"这个故事，而其他道具则是为了加深孩子对书中主题的理解和参与。当孩子还不太会阅读时，你们就可以用以上方法共同讲述故事。孩子能够在更富有想象力的层面上探索你们正在阅读的书中出现的一些主题，并加深对这类主题的理解和认识。

（前面提到的）故事方块或用来讲故事的骰子也是一种好方法。你只需摇一摇故事骰子，在它落地后，用面朝上的符号一起编一个故事。或者买一些毛毡玩偶，把所有玩偶混在一起（有些毛毡玩偶套装是成套的故事、主题套装，所以我喜欢买几个玩偶，然后把它们混在一起，这样孩子就可以发挥想象力，讲述他自己创造的故事），创造一个毛毡玩偶场景，让你们能够坐在一起，围绕你们创造的场景编一个故事。

即使孩子抗拒阅读，你仍然可以吸引他参与进来。你可以设定一个挑战，即你们同时阅读同一本书，每天晚上读一章，第二天你们必须"测试"对方的记忆力，想出两个关于那一章的问题考一考对方。答错也没关系，保持嬉戏性就好。你们也可以一起读一本书，最后讨论它的结局，并问孩子如果他是作者，他会如何改变结局，并把新的结局说出来、画出来、写出来。

你也可以和孩子每周去一次图书馆。如果孩子不愿意阅读，只需让他看到你在一个有很多书的地方借书和还书。逗留一会儿，看看孩子是否会浏览一些书或表现出兴趣，不要对此发表评论，顺其自然就好了。让孩子知道，如果他想自己借书，他可以用自己的图书卡。

无论哪种方式，只要有可能，就让孩子阅读并保持阅读的习惯。

故事，特别是童话故事的开头就会含有警告和提醒，告诉孩子一些行为准则。《小红帽》这个故事是在劝诫我们不要为了盲目追求自己的欲望而偏离责任的道路，以免被欲望吞噬。当然，这个故事也是让孩子明白不要和陌生人说话。《青蛙王子》的故事则是为了提醒我们，并不是所有的事情，或者说并不是所有人都像我们表面看到的那样，我们不应该以貌取人。很多童话故事中都含有这类信息。

许多童话故事已经被迪士尼改编了，我非常鼓励你阅读格林兄弟的原始版本，特别是给你处于童年中期的孩子阅读，原始版本的讲述更现实，也更耐人寻味。故事，特别是书籍，与孩子和他自己的讲述相隔一层纱，它为孩子提供了一个探索艰难和黑暗主题的好方法，并让孩子为自己的生活积累经验和道理。

第三章
Chapter 03

# 童年中期的手足关系

在孩子的一生中，手足关系可能比其他关系更持久。与兄弟姐妹共同成长起来的孩子，对其长期生活结果的大量研究都倾向于强调：手足关系很可能是孩子拥有的最长久的关系。同时，出于其他原因，手足关系也是人生活中的一种独一无二的关系类型。

关系的情感基调是决定手足关系质量的关键特征，例如，兄弟姐妹之间感受到的和向彼此展示的温情程度；参与对方生活的程度，即他们在一起共度的时间；矛盾情绪，即实际上他们是如何相处的。

## 衡量情感的温度

让我从关系的**情感基调**说起。手足关系可能是孩子一生中最无拘无束的关系。因为没有拘束，所以兄弟姐妹之间在想法、感受以及行为方面的影响会逐渐增大。你可以通过提升孩子们对彼此的共情意识来改善他们关系的情感基调。"好奇"就是一个好方法。你可以"好奇"，在他们的想象中，对方对某个特定情况有着怎样的感受。我喜欢用**角色转换**的方式来处理这个问题，即我倾听每个孩子在争执中的立场，然后不加任何评论，要求他们从兄弟姐妹的视角再叙述一遍这件事情。不过要向孩子们强调，在叙述时不能插入自己的辩解，必须按照他们认为的对方视角，从头到尾叙述一遍这件事情。然后我"好奇"孩子有怎样的感受、他的兄弟姐妹可能会有怎样的感受，以及现在采取什么样的行动可以改变两个孩子的感受。试一试这个方法，因为它真的不错，你可以在不被拉进冲突的情况下帮助他们解决争执，还可以增强他们对彼此的共情能力和批判性思维能力。

想一想孩子们陪伴彼此的时间有多少，即使只是坐在一起而不直接互动。你可能会惊讶地发现，到了童年中期，孩子们陪伴彼此的时间比他们花在"你"，即他们的父母身上的时间还要多。当然，他们陪伴彼此的时间长度只是故事的一半，在这段时间内他们的互动程度也很重要。比起简单地坐在旁边但忽视对方，积极和社交性的互动是一个更好的变量。你需要鼓励孩子们玩一些能分享快乐的游戏，包括但不限于以下列出的活动。

# 让兄弟姐妹们聚到一起的 15 分钟玩耍

**在家里进行一场寻宝游戏**: 藏起一些东西——不一定是物品，也可以是一项特权，比如要找到的宝藏可以是 Wi-Fi 密码；或者是和你一起烤饼干的材料；或者是一张时间券，孩子们可以用来在星期五晚上晚一点上床睡觉。给孩子们设置一些隐秘的线索，让他们必须一起解出谜底。要确保线索能够发挥出每个孩子的优势，这样每个孩子都能有所贡献，而且他们需要彼此合作来完成任务。

给孩子们一盒混合的**乐高**玩具，并拿走说明书，这样他们就必须合作来搭出这个东西。

进行**无话一小时**，告诉孩子们在这一小时里只能用面部表情交流。我很喜欢这个游戏，因为它可以教孩子们读懂彼此的非语言线索和情绪反应，当他们发生冲突或没有意识到自己给对方造成了影响时，这会很有价值。如果你也加入这个游戏，可以增添乐趣。

**玩传递触摸、非语言游戏**: 简单地传递给对方一个微笑或眨眼，并记住如果你开始时是朝某个方向发送，之后要反过来发送，这样每个人都能发送和接收到信息。同样，用手指在旁边人的背上画一个形状、符号或数字，然后让他依据感觉在下一个人的背上作画。最后的结果会很有趣。如果有三个或三个以上的孩子一起玩，这类游戏的效果会非常好。你可以在游戏中加入一个使用语言的回合，但要求孩子们传递的必须是一句赞美——一句关于某个行为的赞美，而不是关于外表的赞美。

在一张大毯子上面放一个气球，每个人都握住毯子的一角，把气球举起来。每次叫到谁的名字，大家就必须一起抬起和倾斜毯子，把气球送到叫到名字的人那里。

把气球放在毯子中间，玩"热土豆凉土豆"游戏——每次喊"热土豆"的时候，大家都要用力摇晃毯子，使气球飞起来，并确保每次都能用毯子接住气球；每次喊"凉土豆"的时候，大家则要轻轻地提起和摇晃毯子。这个游戏对共同调节情绪很有效，有助于提升或降低每个人的能量水平。

### 合作性挑战游戏

这会让你知道孩子们实际上是如何相处的。手足关系的特点在于其矛盾性——孩子们可以既是彼此最好的朋友，也是彼此最仇恨的敌人，这种矛盾增加了手足关系带来的情感负荷。为了支持孩子们应对这种矛盾性，可以试试玩一些合作性的挑战游戏。挑战是手足关系中固有的部分，所以为什么不把这种矛盾心理积极地重塑为孩子们可以共同解决的问题，使其为你所用呢？

**棉花球游戏**：将一个棉花球放在桌面上，让孩子们尽可能长时间地不用手移动棉花球且不让其从桌面上掉下来。要做到这一点，孩子们必须弯腰到同一高度，彼此轮流地、轻轻地吹动棉花球，也许他们会发现，如果他们拉住手，挡在桌面边缘，就能形成一个防止棉花球掉落的屏障。（让孩子们手拉手是一个不错的主意！）孩子们共同合作不让棉花球掉下桌面的规则消除了竞争性的得分倾向，否则，这种倾向可能会悄然滋生。如果要增加难度，使游戏更有吸引力，特别是对这个阶段年龄较大的孩子，你可以再放上两个棉花球，现在孩子们必须设法让三个棉花球都掉不下去，这意味着他们必须眼观六路。

另一种方法是在硬地面上用胶带贴出一条轨道。在轨道的一端放一个棉花球，给两个孩子一根（纸）吸管。让两个孩子分别坐在轨道的两端，其中一个孩子开始把棉花球吹上轨道，而他的兄弟姐妹则鼓励他。激励机制是，鼓励他的兄弟姐妹做得好，下一个就能轮到他自己玩。你可以增加难度，比如，如果棉花球离开了轨道，它就必须回到起点；也可以让某段轨道变窄，或者添加一个"之"字形或环形交叉的路段。（注意：只有在你知道孩子能够应付的情况下才增加难度。通常，孩子年龄越大，我增加的挑战就会越多。）

在房间里撒上一把棉花球，让孩子们在规定时间内把所有的棉花球收集起来。你可以使用一个大沙漏计时器（5分钟的计时器用在这个游戏里应该不错，而且你要在房间四处放上大量的棉花球）。在挑战这个游戏时，孩子们必须用脚趾一个一个地捡起棉花球，然后单脚跳回房间角落的篮子那里放棉花球。孩子们必须共同合作，在规定的时间内把地板清理干净。

积极地利用挑战，鼓励孩子们相互合作、彼此支持，这能够以创造性的方式教会他们更好地应对手足关系中固有的矛盾情绪。

## 亲子关系速查表

在这个发展阶段，虽然孩子们与彼此相处的时间比与你相处的时间还多，但这并不意味着父母对手足关系没有巨大的影响力。研究表明，孩子们在手足关系中经常模仿父母的行为，这意味着亲子关系的质量和手足关系的质量有很明显的联系。如果一个家庭的亲子关系存在问题，我们往往会看到其手足关系也存在问题。如果你专注于改变、改善和增进你与每个孩子的关系，那么你也是在改变、改善和增进孩子们之间的关系——小小的改变可以带来大大的不同。

在我与父母的咨询中，我总是问起同样的问题。现在我请你暂停一下，问一问自己以下列表中的这些问题。

1. 你是什么时候第一次意识到你爱你的孩子的？

2. 你现在还爱你的孩子吗？

3. 想到这些，你有怎样的感受？

4. 在你（过去或现在）的生活中，你的孩子让你想起了谁？

5. 你对那个人有怎样的感受？

虽然这话我说了很多遍，但我还是想说——要发现自己心中尚未解决的情感问题，没有比养育孩子更好的方式了。当你成为父母时，你心中的所有东西都会尖叫着浮出水面，包括那些被埋藏起来的自己都不知道的东西，而这往往会体现在我们与孩子的关系中。我们会无意识地将我们与其他人关系中的方方面面转移到我们与孩子的关系中，因为孩子让我们想起了那个人，成为父母后自然也会重现我们作为父母的孩子时的一些场景。

我们会把过去关系中积极的和消极的感受转移到我们与孩子的关系中。因此，你需要为你的每一个孩子都分别反思和回答上述问题。如果你发现自己将某个孩子理想化，而对另一个孩子的态度更加强硬，或许你还没到把后者"妖魔化"的程度，也请花些时间内省，为什么你会这样做，以及这反映了你内心的哪个部分。

识别我们自己的情绪包袱，不仅会给我们个人，也会给我们与孩子的相处方式，以及为孩子们之间的相处方式带来转变。理解是什么东西触发了我们的情绪，可以让我们在把情绪发泄到孩子身上之前，更好地了解我们内心的哪个部分被激活了，以及我们的挫折感到底来自哪里。

话虽如此，你仍需记住，我们一定会对孩子发脾气（这一定会发生在所有人身上），但发脾气之后，我们可以进行挽回和道歉。我们可以向孩子解释，我们对他发脾气是因为我们对他的行为感到沮丧，而不是对他这个人。为孩子树立榜样，在裂痕出现之后对关系进行健康的修复很重要。

## 手足之争

手足之争是孩子发展过程中的正常现象，尽管对父母来说并不愉快。这也是很多家长与我联络的原因，特别是关于怎样做才是最佳的干预方法。如果兄弟姐妹之间经常争吵，而且大多数情况下没有得到很好的解决，就可能会留下一丝持续酝酿的紧张情绪，在下一次争吵时，这种紧张情绪会一触即发，孩子们可能会变得非常有攻击性（身体上或语言上）。我建议你采取灵活和有创意的方法进行干预，因为在这些情况下，你要注意不要被拉进冲突去当"法官"或"裁判"。介入并解决任何正在发生的冲突，从而剥夺孩子学习如何自行解决冲突的机会，或完全不干预，让紧张局势升级并变得更加激烈或有害，两者仅有一线之隔。也许你需要尝试调解孩子们之间的冲突，而不是对他们进行裁决。

那么，如何实现这一目标呢？试试以下这种促进倾听的技巧。

## 帮助倾听的游戏

将孩子们从争吵现场带出来，带到一个中立的空间，比如客厅或厨房餐桌边。然后把重点放在促进对话上，让每一方轮流不受干扰地谈论自己对此事的看法以及自己有怎样的感受。在孩子A发言后，回顾一下他所说的话，但不要评论其准确性，也不要加入你自己对此事的想法或感受。现在轮到孩子B从自己的角度发言了，同样，你回顾一下自己听到的内容。

这个过程中你重复孩子们的叙述，这样另一个孩子就能再次倾听这段话，同时也让发言的孩子有机会澄清自己所说的全部内容。你在这里的作用是促进对话或谈判，但要把最终的解决方案留给孩子们来提，可以这样问："好吧，那么你们觉得接下来要做些什么才能翻篇？"

注意：如果你的孩子处于童年中期中较大的年龄段，即10—12岁，那么你可以要求他们每个人复述兄弟姐妹说的话，但不评论对方所说内容的准确性。这也是与孩子们一起练习反思性倾听的好机会。这个调解过程可能无须花很长时间，而你在改善孩子们冲突的结果的同时，也在帮助他们培养更好的解决冲突能力和共情能力。

我认为手足之争是孩子们的正常发展阶段，对于争吵的解决方法，你需要保持创造性，并把你希望得到的结果牢记心中，比如，结束眼前的紧张局面，并提醒孩子们，实际上他们彼此喜欢的程度比彼此讨厌的程度深得多。

## 团队合作——15分钟合作游戏

让孩子们合作做一些事情，不管是为你做一份家务，还是一些创造性的事情，比如一起玩拼图，或者一起给对方写一张卡片，上面列举出他们欣赏对方的地方。如果孩子们断言对彼此没有任何欣赏的地方，那么他们就得花更长的时间来找出对方的闪光点，这是他们必须自己完成的事，也在他们的掌控范围之内。你也可以规定，他们必须在发生争吵的那天想出一些能够为对方做的善举——需要在发生争吵的当天完成，因为解决方法应该来得及时，这样才能让大家翻篇并继续前行，而不是让关系恶化。

注意观察孩子们喜欢一起做些什么事情，例如玩游戏、烘焙、做艺术品和手工作品、一起看他们都喜欢的电影、踢足球、跳蹦床、跳舞、画图或上色、制作史莱姆等。一旦眼前的冲突得到解决，你就可以把孩子们的注意力重新引向这些事情，因为这可以让他们以**做**而不是**说**的方式修复关系。兄弟姐妹们会吵架，但提醒他们记住对彼此的喜欢，可以确保手足关系在温情和冲突之间取得足够的平衡，这必定有助于抵消冲突在他们成长期间对关系产生的长期影响。我很肯定，我们中的许多人都可以退后一步，回忆一下我们小时候是如何恨不得插兄弟姐妹两刀的，但作为成年人，我们却愿意为他们两肋插刀（当然这是个比喻）。

每个孩子都希望我们时时刻刻给予他全身心的爱和关注。试图满足每个孩子的需求，并做到"公平公正"地给予他们同等的时间和注意力，可能会让我们觉得分身乏术。其实，真正的公平是让每个孩子都得到实现健康成长和发展所需要的东西。

即使是在同一个家庭中，不同的孩子所需要的东西也是不一样的。与其反思你是否有某个最偏爱的孩子，不如想一想你是否觉得某个孩子养育起来比另一个孩子更轻松、更有趣。要意识到你是不是心甘情愿在这个孩子身上投入时间和关注，而为另一个孩子做同样的事情时却不情不愿。这并不是说你只爱前者不爱后者，因为爱孩子跟觉得他比另一个孩子更好相处是完全不一样的。为了公平合理地对待每个孩子，你可以考虑制定适用于所有家人的家规、家庭期望，然后根据每个人的年龄、发展阶段、能力进行微调。家规和家庭期望应平等地适用于家庭中的每位成员。

在这个家中，我们期望每个家庭成员都**尽力而为**，贡献自己的力量，发挥自己的作用，忠实于自己在这个家庭中的身份，这就是**一碗水端平**。这在每个人身上表现出来的情况不尽相同，但重要的是，作为父母，你对每个人都怀有同等的期望，那就是每个人都尽其所能地贡献自己的一份力。这就是保持公平的方法。

为了实现公平，应该以不同的方式对待不同的孩子，这听起来可能有违直觉，但这难道不是因为每个孩子都是不同的吗？我治疗过的孩子曾谈到，当他看到某个兄弟姐妹试图与他争夺家中属于他的地位时，他会感到非常沮丧。我认为这是引发兄弟姐妹关系不和谐的主要原因之一。

10 岁的露西来找我治疗，因为她的父母看到她在家庭生活中越来越退缩，而且越来越频繁地爆发怒火，他们对此感到担忧。露西的攻击性主要针对她 8 岁的妹妹，父母指出，两个女孩一直在争吵，但在今年春天之前，这种情况大多是可以控制的（我是在秋天见到露西的，所以这种情况已经持续了大约 6 个月）。在父母的描述中，露西是一个成绩优异、爱运动、受欢迎的女孩，她有很多朋友，喜欢校园生活和课外活动。在观看了伦敦奥运会后，她对跑步产生了兴趣，成了当地跑步俱乐部的一名狂热的运动员，至今已经坚持了 4 年时间。她很认真，很有竞争精神。

当我见到露西时，我感到她沉默寡言、心存戒备。她知道自己为什么会来见我。我非常坦诚地告诉她，关于她和她的生活，她的父母都告诉了我哪些内容，并邀请她从她的视角纠正这些信息——我对在治疗中遇到的所有孩子都这样做，确保他们认为我是诚实且值得信赖的。我可以看到，在这个案例中，自上而下的方法（从大脑的新皮层思维、推理或逻辑部分开始）是行不通的，比如谈话治疗法，所以我改用了所谓的自下而上的方法（用行为而不是言语来交流）。我们使用了各种创造性的、基于叙事的技术，使露西无须直接对我说话就能讲述她的故事，而我则对她正在做的事情（玩沙盘、艺术、黏土、故事方块）进行温和的反思性观察。有一天她坐了下来，叹了口气说："我讨厌他们让她毁了我的跑步。"

接下来，露西说出在家中，她如何把跑步看作"她的事情"。她把自己视为优秀的跑步者，并把这一点真正作为她自我认同的一部分。她的父母看到跑步给她的自信心、自尊心以及社交能力的发展带来了很多好处，所以自然而然地认为，应该让她的妹妹也参与进来并从中受益。当露西看到妹妹特别擅长跑步，并意识到别人在赞叹妹妹的跑速时，问题就出现了。她觉得自己的位置被篡夺了，这使她和妹妹之间爆发了正面冲突，因为她觉得只能有一个赢家——一个"最厉害的跑步者"。

解决方案的其中一步是帮助露西重新定义这场冲突的本质，并识别和处理她的恐惧，即除非她在某方面是最好的，否则她就不够好。她并不只是愤怒而已，其实她是恐惧和焦虑的。

为了以更积极的方式相处，我们需要了解外在行为背后隐藏着的真实的情绪状态。在与露西家庭合作的过程中，我们一起玩了**以挑战为基础的合作游戏**，这类游戏重视孩子们的努力而不是结果；我们探索了女孩们之间可以**以怎样的方式分享快乐**，并强调了她们之间的共同点，而不是让她们彼此远离的不同点。这是为了在保留露西的自我认同的基础上，让她重新定义自己与妹妹和父母之间的关系。

至于**以挑战为基础的合作游戏**，我们玩了气球接力和夹气球。

**气球接力**：我让两个女孩并排站着，把一个吹起来的气球放在她们的肩膀之间。我们让她们的父母站在房间的另一端。在父母的提示下，女孩们必须夹着气球走或跑到父母身边，和他们击掌，转身，再带着气球返回起点，这期间不能用手碰气球或让气球掉下来。为了增加挑战的难度，我让女孩们把气球带到父母面前，在不用手碰气球的情况下把气球从她们的肩膀之间转移到父母身上，然后父母把气球带到起点，再把它运回给女孩们。

**夹气球**：夹气球游戏在这里的效果非常好，它要求两个女孩站得很近，但又不直接侵犯对方的个人空间，因为如果站得太近，气球就会爆裂；如果不够近，气球又会掉下来。我们让女孩们面对面，把气球放在她们的肚子上，在父母的指示下同步地上下、左右和转身移动，难点在于她们必须在不用手碰气球的情况下确保气球不掉下来。（**提示**：如果要增加玩家之间的接触，可以让他们在玩游戏的时候手贴手。这会带来触摸、目光接触、联结和合作。还可以把气球放在玩家的额头之间、举起的手臂之间、膝盖之间等。）

当女孩们的关系变得融洽时，我好奇是否可以帮助她们通过滋养性体验来**进一步修复关系**。为此，我向两个女孩介绍了如何在家里进行一次小型水疗。我让她们把手浸泡在一盆温热且好闻的肥皂水里。我让她们试试能否将两只手平放在盆子的底部，仍然触碰到对方的手指尖。我让她们试试能否保持双手水平，但同时将手指缠结或缠绕在一起（这是一个小小的挑战，但会带来很多滋养性体验）。我让她们在水盆里玩叠双手的游戏。我让她们舀起一把泡泡，把这些泡泡从一个人手上刮到另一个人手上，再刮回来，看看泡泡要多久才会消失。之后，她们用柔软的毛巾擦干对方的手，并在对方手上涂抹润肤露。最后，在父母的帮助下，她们互相涂指甲油，并轻轻地在对方手指上吹气，让指甲油干燥。

这种通过做而非说的互动修复体验真正加深和改善了她们之间的关系。我不会说这将预防孩子们以后所有的竞争或冲突，但它减轻了这些事件的强度，当然也帮助露西摆脱了她曾陷入的嫉妒状态。当孩子不再把兄弟姐妹视为对自我认同的威胁时，他就可以自由地支持对方，甚至享受对方的陪伴了，至少在大多数时候是这样的。轻度到中度的手足竞争和冲突、紧张关系是非常正常的，甚至可以成为孩子学习如何解决冲突，以及培养注重解决方案的批判性思维的好机会。

理想情况下，父母应该找机会赞扬每一个孩子的独特品质和个人兴趣。这意味着，每个孩子都可以拥有自己的爱好或课外活动，以及喜欢和擅长的东西。只有出现类似本案例的情况，即兄弟姐妹有同样的爱好或兴趣，并在关系中产生了竞争性冲突时，才会演变成问题。我们要试图避免让孩子们直接竞争和相互比较，并鼓励他们相互支持。

我所写的是正常的手足竞争，以及它如何直接影响儿童的情感成长和发展或家庭关系。如果兄弟姐妹之间的冲突变得过于带有攻击性，超过了正常的程度，并演变为语言或身体上的虐待行为时，父母必须介入其中并采取行动，保证自己和孩子的安全。

如果你观察到一个孩子反复地、有针对性地以威胁的方式对兄弟姐妹（们）施加控制或支配，比如以你的名义进行威胁（"如果你不按我说的做，我会向妈妈、爸爸告发你，他们就不会让你去参加这个周末的朋友聚会了"），那么你应该严肃对待，确保你设定了严格的边界并对情况加以干预和监测。如果你先尝试了创造性的方法，然后又进行了直接的干预，却始终不能改变孩子的这类行为，那么你应该考虑向经过相关培训的儿童心理健康专家寻求帮助，他们可以提供疗愈性的父母或儿童心理治疗服务。

第四章
Chapter 04

# 让你措手不及又束手无策的
# 艰难对话

在童年中期，孩子将不得不面对一些生活中更为困难的话题、诱惑和现实，这迫使他认识到自己并不像曾经以为的那样，对自己的世界有那么大的掌控力。这对孩子来说是一个艰难的时期；对父母来说，要支持孩子度过这个阶段并为艰难对话做好准备也很难。本章探讨了我在与各个家庭合作过程中遇到的一些主要问题，当然，以下清单未能包罗万象。

## 让我们来谈谈性

在童年中期快要结束时（通常是十一二岁时——不过总会有孩子跟趋势不符，所以要关注并适应你的孩子的发展需求，而不仅仅是关注年龄），孩子们可能会开始使用"男朋友"或"女朋友"这样的词语，你还可能会不经意间听到孩子和朋友之间关于谁喜欢谁的对话片段。甚至在 12 岁或不久之后，有些孩子会悄悄体验初吻。其中大多数情况，至少这些情况刚出现时，都是基于幻想的轻浮探索，是用来与朋友一起想象和谈论的事情。不过，在更为强烈和活跃的亲密依恋萌芽之前就开启谈话总是没有坏处的。

**保持沟通渠道畅通**很重要。**你要找到对孩子的生活显露兴趣和侵犯隐私之间的微妙平衡。**你不应该把这件事看得太严重甚至小题大做，但同时也不应该借此机会嘲笑孩子的感情或有男朋友、女朋友这件事。如果我们让孩子对自己的感情感到难堪，他很可能会更加躲着我们。换位思考，回想一下你自己的感情经历和第一次暗恋——你希望别人如何回应你？

你可能知道孩子的暗恋是天真且充满幻想的，是和朋友在一起时的谈资，但你也应该认识到，这种对建立恋爱关系新萌发出的意识和兴趣标志着孩子开始对自身的性征和欲望有了兴趣。因此，到了多谈一谈性这件事的时候了。我说"多谈一谈"，是因为我希望从孩子的幼儿阶段起，你们就已经开始谈论身体（使用正确的身体部位名称）和触摸（谁可以触摸谁，以及何时何地可以触摸自己）了，谈话将逐渐包含婴儿从何而来，然后是身体的变化，月经和梦遗（如果采用正式说法就是夜间遗精）。如果这些话题早已是你们亲子关系的一部分，那么你可以简单地根据需要增加内容。相比起在最困难的年龄引入一个艰难的话题，这样做会更容易。

当你要跟孩子谈论性这个话题时，你应该事先想好你要说什么以及怎么说。我的一个小建议是，先面对伴侣（有助于确保彼此知晓谈话内容）或朋友、家人练习一遍，把要说的内容大声说出来。在脑海中想象谈话内容，跟听到自己把它说出口是不一样的。这能让你在与孩子谈话之前摆脱尴尬的感觉，或避免出现不小心脱口而出的情况。如果你读到这里耸耸肩，认为你根本不觉得尴尬，那真是太好了，但你在谈论性话题时非常舒适，并不意味着你那即将成为青少年的孩子也是如此。因此，请对孩子如何体会你所说的内容保持敏感，并在必要的时候修改你的说法，让孩子更容易接受。

谈话时要直接，尊重事实，还要时不时地暂停一下，看看孩子是如何解读信息的。你要允许孩子在谈话时提出问题，确保他更深入地理解你所说的内容，你也能察觉内容是否已经多到他无法吸收了。

在童年中期这一阶段快要结束时，许多（甚至大多数）孩子都将迎来发育期，所以要记得谈论乳房、新长出的毛发、月经和梦遗，在把这些事情正常化的同时也要尊重孩子可能会有的尴尬感受。坦诚地谈论性行为，并使用正确的解剖学语言。你谈论性的方式会受到自己的道德准则的影响和塑造，只要确保不歪曲事实就可以了。另外，任何关于性的谈话内容都应该包括如何避孕和征得双方同意这两个部分。

读到这里你可能会想："没错，没错，这一切听起来很美好，但是乔安娜，我**到底**怎么以适当的方式为我那即将成为青少年的孩子讲述这些内容？"我理解你，我自己也很讨厌读到那些理论上听起来很美好，但没有什么实际操作指导的建议。因此，下面是我对这类谈话的实操建议，其中包含了以上所有要点。**请阅读并根据你的道德观点、你对孩子发展阶段的了解以及你的舒适程度进行修改。**根据所有这些变量，这段谈话可以一次性完成，也可以分成三次。正如我所说，以下例子只是建议，不是剧本。

性行为是当人们的年龄足够大的时候一起做的一件事情，比你现在的年龄要大得多。人们发生性行为是为了生孩子，但对成年人来说，单纯发生性行为的感受也很好。有亲密关系的成年人之间会发生性行为，但有时互相不怎么认识的成年人之间也会发生性行为。最重要的是，在发生性行为之前，双方都要说"可以"，而且在发生性行为的过程中，双方也都愿意继续进行下去。说"不"是可以的，先说"可以"，然后在任何时候改变主意并说"不"，也是可以的，而且这一声"不"必须得到倾听和尊重。永远不可以强迫某人发生性行为或强迫某人做不是百分之百愿意做的性行为。每个人都要能认真地说出"可以"，参与性行为的双方必须都是清醒的，并且有足够清晰的头脑来做出这个选择，所以如果有人喝得特别醉，或者因为服用药物，或刚刚上床而昏昏欲睡，那么任何人都不应该试图与其发生性行为。

性行为的一个重要部分是保证健康，所以采取避孕措施特别重要。有些避孕措施可以避免怀孕，有些还可以预防由性行为传播的疾病。在这方面有很多选择，所以当你长大一些了，在考虑发生性行为时，请一定要来找我，这样我们可以讨论这个问题，并确保你是足够安全的。

请记住，关于性最重要的事情是，你要等到觉得自己完全准备好以后再发生性行为，你要信任与你发生性行为的人，你要确认对方是否愿意与你发生性行为；然后，即使你们已经开始性行为了，你也要确认对方愿意继续进行下去，因为性行为应该让参与的双方都感到有乐趣；此外，你要保障自己的安全，采取保护自己的避孕措施。最后，我想让你知道，你可以随时来找我谈论这个话题。

这样的叙述对一些孩子来说可能已经足够了，还有一些孩子则会要你详细解释什么是"由性行为传播的疾病"，以及在性行为中到底发生了什么（也就是"把什么放在哪里"之类的谈话）。你可以现在就回答这些问题，也可以说："这些都是很好的问题。我想我们现在已经谈得够多了，下一次我们坐在一起聊这个话题的时候再谈这些问题，以及你的其他问题。"我倾向于鼓励父母回答孩子在任何特定话题下提出的问题，并注意别用孩子还不想知道的细节来淹没他。谈话开始前先确认孩子对性已经有了怎样的了解或想法（这可能会让你吃惊），并将其作为谈话的开头。

关于这个话题还需要补充说明：为这类谈话设定边界很

重要，提醒孩子，他无须负责把这类话题的内容告诉他的朋友们，因为这是他们的父母负责做的事。还要提醒孩子，他也无须告知他的弟弟妹妹，因为你要确保孩子们只知道他们需要知道的内容。

## 在关于气候变化的谈话中应对生态焦虑

**气候变化**及其带来的**生态焦虑**是一个新鲜但越来越常见的话题。我们要找到跟孩子谈论气候变化的同时不吓到他的方法，尽管我们得承认，这个话题确实挺吓人的。对于孩子表达出的任何恐惧，我们应该认真对待，而不是视而不见或一笑了之。我相信，父母这样做是因为不想让孩子感到太过害怕或不知所措。有些恐惧是正常的，教孩子应对这些恐惧的最好方法就是让他与你一起思考、感受和想出应对方式。

找越来越频繁地接触到这个问题，但在 5 年前，这个问题甚至不会出现在我的重点清单上。这并不是说气候变化在 5 年前不是个问题，它肯定是，只是它没有像现在这样成为我们社会和政治讨论的主要部分。成年人经常会犯一个错误，认为孩子无法理解这些问题的复杂性，或者会对这些问题感到无力，对此什么也不能做。让孩子参与改变社会是最好的解决办法，但这要求我们认真思考如何在育儿过程中谈论这些话题。

与孩子谈论气候变化话题的最佳方式是先打下积极和易懂的基础。在开始谈论气候变化及其意义之前，先让孩子欣赏大自然，并懂得为什么地球值得保护。以下是一些你们可以一起做的事情：

- 一起观看自然纪录片，并讨论你们看到的内容。
- 一起参观动物保护区，并讨论你们看到的景象。
- 定期在海岸、海滩、森林或公园和其他绿化区散步，说一说围绕着你们的都是些什么。
- 让孩子参与园艺活动，并考虑建立一块能够吸引蜜蜂来访的野花圃。
- 一起去当地的农贸市场。
- 每周都步行和骑自行车外出，并谈一谈为什么这样做对地球有益。
- 致力在家中做一些微小的改变，比如垃圾回收利用、堆肥，建立减少浪费、再利用、再循环模式。确保孩子积极参与这些活动。
- 专注于培养孩子可以积极使用的技能和解决方案。在家里、社区、学校中，你们能做些什么？你还可以支持孩子写信给当地政府代表，询问政府在这些问题上有哪些行动计划。支持孩子参加安全和有组织的团体活动。与孩子一起观看青年活动家的讲座和采访，确保孩子感到自己作为一个年轻公民有能力为地球带来改变。

一个10岁的男孩与我分享了他对这个话题的看法。他说他很担心我们的星球，而且觉得成年人没有认真对待气候变化。我们反思了这一点，同时也思考了他认为自己可以做些什么来帮助成年人更好地理解这个话题。我邀请他向我解释这个问题当作练习。他说，地球变得太热了，因为我们把冬天的羽绒被盖在了上面，我们应该换成较轻的夏天毯子，这样可以帮助地球降温。我告诉他，这为我解释了很多事情。他接着说了一些每个人都可以实践的事情，帮助地球换上较轻的毯子。

最好的办法永远是跟随孩子的兴趣，而不是向他介绍一个他不感兴趣的话题。而气候变化是如此重要，所以非常值得激发孩子对这个话题的兴趣，确保当他暴露于这些信息之中时，已经足够了解情况且不感到害怕了。在理想情况下，你应该尽可能早地开始这个过程，然后随着孩子年龄的增长，丰富谈话的内容——但无论何时开始都不会太晚。

当然，你自己也必须去了解信息，这样你才能帮助孩子熟悉这个话题。在这一点上，我也有一个提醒。你可以向孩子承认，你对这些报道感到不知所措和有点害怕，甚至这样说会很有价值。你可以提议你们一起做一些研究，一起学习。你可以与当地关注气候变化的团体和非政府组织联系，请他们提供一些学习资源或与你和孩子见一面，进一步讨论这个话题。许多组织都有专门为帮助父母与孩子讨论这个话题而开发的资源，他们还可以帮助你确保自己使用的是基于事实的资源。记住，你不需要向孩子提供科学家水平的解释，但要对共同学习持开放态度，并适当掌握一些关键概念。你还可以与孩子所在的学校联系，看看他们将如何把这个话题作为课程的一部分，这样你就能获取最新信息，并使用学校的教学内容。

关注解决方案，并对你们能够采取的积极行动表现出兴趣、热情和好奇，这对抵消这个年龄段的孩子对该话题的焦虑和恐惧有很大帮助。

## 视频游戏及其对语言和行为的影响

在童年中期这个阶段，孩子们不太玩各类活动游戏了，更多的是在网上打游戏或者是以更具结构性、更少想象力的方式进行游戏（比如骑自行车、参加运动等）。对于在线游戏（视频游戏的一种），我的建议是对孩子感兴趣的游戏感兴趣。这是一种与孩子保持联结的方式，但要始终记住侵犯隐私和显露兴趣之间的界限。你可以说："我很高兴看到你喜欢玩在线游戏。我对这类游戏不太了解，你能教我玩一个你喜欢和朋友玩的游戏吗？也许我可以戴个耳机，在你玩的时候听一下在线游戏是什么样的。我只是听着，不会让你分心，我们可以在事后谈一谈这个游戏。"

关于在线游戏，我被问到最多的问题是它对儿童行为和情感健康的影响。答案是，这个问题没有明确的答案，因为没有两个孩子是相同的，或者会以相同的方式应对和回应在线游戏。有些这个年龄段的孩子能够很好地处理在线游戏，他们可以玩游戏，玩完就下线，继续其他的活动和互动；有些这个年龄段的孩子则容易因在线游戏而变得过度亢奋，很难过渡到下线的状态，导致出现难以应对的愤怒和攻击性。你必须根据你对自己孩子的了解来进行判断。

"在线游戏时长不应超过 30—40 分钟，其间至少要有 15 分钟的暂停时间来参与现实世界的活动"是一条不错的总体原则。如今所有事情都可以暂停，所以让孩子暂停一下，和你一起做 15 分钟的事情。做一些基于感官的事情会很有用，因为这让孩子参与"以做代说"的活动，从下（脑干）向上靠近他被高度刺激的大脑，而不是要求他以认知、语言、逻辑和推理的方式（新皮层或者说大脑顶部向下）来与你交流。

你可以让孩子为你洗一些胡萝卜和土豆，帮助你准备晚餐。洗蔬菜是一种感官和触觉活动，几分钟后，你可以开始温柔地与他聊天（不是向他提问，而是随便聊一些事情），在他回到房间去打完那盘游戏或用完你同意分配给他的游戏时间之前，你要确保与他有所联结。

说了这么多，请不要忘了注意孩子玩的是什么类型的游戏。某些视频游戏有年龄限制，因为其中包含的内容、画面和主题仅供成年玩家观看，而不是年幼的儿童。下面这个案例展示了年幼的孩子如何挣扎着处理那些他们还没有成熟到可以完全掌握的成人主题。

　　10岁的劳拉和她的母亲来向我咨询。我像往常一样，在这次会谈之前与劳拉的母亲见了面（这样做是为了让父母在见到我时向我提出任何问题，并与我分享我可能需要提前知道的关于孩子的细节），她与我分享了她所知道的事情，但她不知道该怎么做，也不知道该如何帮助劳拉渡过难关。我意识到劳拉的母亲对发生的事情感到痛苦，所以我们花了一些时间来讨论这些事，并反思她对此的感受。

　　劳拉和当地的一些同龄男孩一起玩耍，自从在学前班起就一直如此。在其中一个男孩的家里，一个男孩建议另一个男孩将劳拉带到卧室里，这样他就可以"和她做爱"。劳拉被吓坏了，离开了那所房子。她回到家后惴惴不安，并告诉了母亲所发生的事情。母亲安慰她说，那些男孩太傻了，不应该说这种话，她离开房子并告诉母亲这件事是对的。几周后，在一次集体出游中，这些男孩中的另一个对劳拉和其他一些女孩说，性行为是男孩对女孩做的事，然后他们付钱给她们并杀死她们。这再次给劳拉带来了巨大的困扰，她说她不想再和这些男孩一起玩了，尽管他们一直以来都是她的朋友。

　　据了解，这些男孩都在玩某个"18禁"视频游戏，其中包含了性工作者被支付费用、被殴打甚至被杀害的主题。这些男孩已经将这类行为正常化，以为谈论这些事情不仅可以在社交上被接受，而且别人也期望他们这么做。我不认为他们是在有意识地吓唬或困扰劳拉，只是告诉劳拉他们以为的男孩和女孩之间会发生的事情。

我专注于支持劳拉处理这一令她痛苦的经历，并帮助她的母亲与其中一个和她关系最好的男孩的父母见面，告知其发生的事情，并让他们意识到这个视频游戏带来的影响。必须指出的是，这款游戏是一款成人游戏，不是为十来岁的孩子设计的。

　　其他家长并不知道这款游戏的内容。其中一位家长用买生日礼物的钱给孩子买了这款游戏，说"孩子所有的朋友都在玩"，所以他以为这款游戏没有问题。买礼物的家长了解游戏内容后很震惊，没收了该游戏，并与儿子讨论了游戏内容。

　　男孩们与劳拉谈话的语气让她感受到威胁和害怕，她对男孩和与男孩交往感到很焦虑，觉得他们会伤害和杀死她，这对她的情绪健康产生了非常严重的影响。由于她在事件发生之后很快就对父母说了，而她的父母也很快带她来进行治疗，所以我们能够使她从这一经历中很好地恢复过来，并以新的思维和观点来看待这一事件。

　　在把游戏交给孩子之前，请你先玩一遍，或者至少在孩子第一次玩的时候，你要坐在旁边观察，并且要孩子遵守游戏的年龄限制。

　　一些游戏的内容可能会导致孩子在网上搜索相关内容，因此，8—12岁的孩子在网上观看色情内容的情况并不罕见。这个年龄段的孩子观看网上色情制品的主要问题之一是，他们还不明白一段亲密关系看起来和感受起来是什么样子的，这让他们无法区分色情性爱和互相尊重且许可的亲密关系。我将在本系列的第三本书中更详细地探讨这一点，因为届时我们将讨论青春期的问题，但我在这里提到这点，是因为它可能在孩子的这个发展阶段就已经萌芽了。

像往常一样，**保持沟通渠道畅通，并在出现这种情况时保持冷静和好奇**。从一开始就向孩子表明，你知道他可能会在网上看到一些他知道自己不应该看的东西，比如某个朋友给他看一些成年人看的照片或视频。确保孩子知道，他不会因为和你谈论这个问题而惹上麻烦。作为他的父母，你的部分职责是密切关注他可能会看到的东西，确保不是那些他不该看的东西。

如果这种情况真的发生了，而且你发现自己不得不向你那十一二岁的孩子解释什么是色情片，请保持冷静和实事求是。你可以说："这不是给孩子看的。片子里是演戏，不是真的。"并强调说，真正的亲密关系绝不是这样的。

在谈话的最后，说你对孩子能来和你谈论这个问题感到骄傲，并提醒他，如果有人试图给他看这类内容，他应该转身离开。如果他无意中看到或是有人在网上向他发送这类内容，那么他应该直接来找你，你会处理的。提醒孩子，**他永远不会因为说出真相而陷入困境**。这种**不羞耻、不指责**的应对方式能够让沟通渠道保持畅通，并且让你能够随着孩子的成长而丰富这类对话的内容。孩子需要知道，即使对话内容令人不适，你仍然欢迎并邀请他与你进行这类对话。

视频游戏既可以对玩家产生亲社会的影响，也可以产生反社会的影响。审核内容，控制访问时间，确保你和孩子一起参与这个在线游戏并了解他在玩些什么，这些将大大有助于让游戏产生更多亲社会的影响。所谓反社会的影响是指这类游戏可能会过度刺激一些孩子，导致他们在身体上或思想和情感上变得有攻击性。

如果你的孩子有过度兴奋和被过度刺激的倾向，请注意，他可能需要且会受益于在打游戏的过程中的定时休息，而且终止游戏的时间也需要进行倒计时，这样他就不会觉得游戏结束得很突兀（换句话说，让孩子参与倒计时，而不是你勒令他结束游戏）。你可以用一个 15 分钟沙漏之类的东西，并说，当所有沙子漏到底部时，他就必须退出游戏。在给孩子游戏机或设备之前，与他商定一个使用协议或规则也很有用。让他参与设定协议，商定时间，并把这份协议贴在墙上以供参考。不管在线游戏对孩子产生了怎样的影响，当他打完游戏时，你都试着和他玩 15 分钟的人际互动游戏，以确保你将他从虚拟世界带回到现实世界。

# 15 分钟玩耍

你可以在挑战类的游戏中加入滋养性的环节——玩三轮拇指大战游戏。你们同时伸出左手或右手，蜷缩手指，紧握住彼此的手指并形成一个拳头，把大拇指并排平放，然后左右移动大拇指，说："一、二、三、四，我宣布拇指大战开始！五、六、七、八，别让你的拇指被打趴！"由你来设定节奏，不要让孩子加速。游戏的目标是一个人按住另一个人的拇指，数到三就算胜出。用另一只手再玩一轮，然后交叉手臂，用左右手的大拇指同时玩耍。想让这个游戏更有结构，可以将你们的手臂放在垫子上，并规定玩游戏时手臂不能离开垫子——这具有情绪调节作用，能让容易过于兴奋的孩子冷静一些。

当你们玩好三个回合之后（你应该让孩子在三轮中赢得两轮），说接下来你想要增加难度，所以你要用乳液涂抹你们的手。为孩子擦上乳液，并说你要确保他的手指从指根到指尖都是滑溜溜的（这就是滋养性的部分，就像一次手部按摩，只是我们不管它叫手部按摩）。然后重复一遍上述的三个回合，这一次乳液带来的滑溜溜的触感，使这个游戏更具挑战性，同时也使它成为一个具有更丰富的触觉的活动。

## 死亡、濒临死亡和重大疾病

到 4 岁时，许多孩子已经可以理解死亡的终极性。4—6 岁时，即使没有亲近的人生病或死亡，孩子也会对死亡和濒死的主题非常好奇。你需要使用清晰明确的语言坦诚地谈论死亡，避免使用"某人离开了""不再与我们在一起了""我们失去了他"之类的话，而是说我们所爱和关心的某个人已经去世，不会再回来了，这对幼儿来说更有帮助。

5 岁的贝琪在她心爱的爷爷去世后被转介给我。她的爷爷在去世前已经病了一段时间了。贝琪的父母担心她无法接受爷爷的死亡，因为她一直在向他们要爷爷，还问他们是否知道爷爷在哪儿。父母原本以为他们已经为她做好了准备，因为他们坦诚地说过爷爷病得很重，而且无法好起来了。见到贝琪后没过多久，我就找到了让她挣扎不已的关键问题，因为她刚进房间没多久，就转过身来，愤愤不平地问："好吧，你打算帮我找到爷爷吗？"

我很困惑，想知道她为什么认为我会这样做。

她说："爸爸妈妈一直告诉别人，我们失去了爷爷，但没有人去找他，我很难过，他一个人一定会吓坏的。我们必须找到他，把他带回家。"

贝琪不明白爷爷已经死了。我向贝琪的爸爸妈妈提议，我们先简单聊一聊，然后大家再一起坐下来，把事情说清楚。

大家坐下来后清楚地告诉贝琪："我们之前说得不是很清楚。爷爷并不是走失了，而是已经死了。医生非常努力地想让他好起来，但他生的是一种棘手的疾病，这使他死去了。"她喊道："哦不，这太令人难过了，我希望他没有死，我希望我能看到他，和他说话。"

贝琪明白过来，死亡意味着爷爷不会再回来了，她得以开始以自己的方式为他哀悼。

我们如何表达死亡这件事非常重要。我们常常很难用语言直接地表达，所以我们淡化它，使自己更容易说出口，而不是让听的人更明白，但孩子需要清晰、明确的语言来充分整合信息。

6—9岁时，儿童对死亡的理解会更加清晰，他们会更加关注疾病和死亡的物理与生物方面，还会问一些问题，比如"死后你的身体会怎样？""身体入土后会怎样？""人死后，医生会把他们切开，观察身体内部或取出他们的器官吗？"。不过，这个阶段的孩子仍保有一定的魔法思维和全能思维，他们可能相信自己可以诅咒某人死去（"我恨你，我希望你死掉"）或者许愿某人复活（"我请求上帝把保姆送回我的身边，但他不听"或"我请求圣诞老人在今年圣诞节把爸爸带回我们身边"）。

到了9岁左右，孩子对死亡的概念与成年人相似，他理解了死亡是永久的、不可逆的，但仍然认为死亡是发生在别人身上的事情，并不会发生在自己或家人身上。他可能仍然将死亡人格化，将它视为可以画出来或想象出来的人物。

9—12 岁时，这种意识继续发展，日渐成熟。孩子理解了死亡可能发生在自己和他所爱的人身上。孩子加强了在生物学方面的好奇心，会问关于身体变僵硬、尸体的温度和颜色之类的问题。随着孩子逐渐理解死亡及其终结性，他对死亡如何影响自己和他的生活也更加焦虑。我们经常观察到这个阶段的孩子很想知道死后发生的事情，不仅是死者，还包括留下的人，比如孩子自己。我们作为父母常犯的一个错误是，在某个特别的人去世后，孩子想知道如果父母死了，他会怎么样，我们往往会用"别担心，我不会死"这样的说法来消除他的恐惧。

10 岁的艾米在她的父亲突然意外去世后被转介给我，她的母亲担心她不能很好地应对这件事。在父亲去世 6 个月后，艾米在家里仍然跟随着母亲，并拒绝离开母亲。艾米的母亲认为艾米患上了分离焦虑症。我不太确定这种说法是否能解释艾米的表现，于是同意与她见面。艾米非常安静和退缩，她避免与我有眼神接触，只对直接提出的问题做出回应，而且声音很低。我把她带进我的治疗室，带到沙盘、黏土和手工材料旁边。我觉得这种表达方式能够吸引她。

我们花了几个星期的时间，以这种非语言的方式进行交流。她进行了一些沙盘活动。当时大约是我们的第六次会面，我们捏黏土时，她抬起头看着我说："但是如果我的妈妈也死了，我和弟弟妹妹会怎样？"

我认为这是一个很好、很重要的问题，所以我向她重复了一遍，强调这个问题："好的，艾米，你来告诉我——你们会怎样？"

她不知道，而这正是她内心产生巨大焦虑的原因。她说她知道自己可以照顾弟弟妹妹两周，因为家里有一些食物，厨房里还有一个应急储钱罐。这笔钱可以让她买到他们两周所需的面包和牛奶。食品店与他们的房子在马路的同一侧，所以她可以带着弟弟妹妹直接去买食物，而不需要费脑筋带他们穿过车水马龙的马路。

我大声地呼了口气，坐回椅子上。"哇，艾米！你真的考虑得很周全。你思考得很透彻，而且有一个很好的计划，但我听出来你觉得自己无法撑过超过两周的时间。我想我们需要把你的妈妈叫来，一起制订一个长期的计划。"

我先和艾米的母亲见面谈话，她说自从艾米的父亲去世后，艾米一直在问她，如果她也死了，他们会怎么样。但艾米的母亲想让她感受好一点，所以一直说："哦，没事的，我不会死的。"艾米回答母亲说，父亲以前也是这样说的……然后他就死了。

我们一起坐下来，制订了一个计划。如果母亲去世，艾米和她的弟弟妹妹将去哪里和谁一起生活，以及计划将如何根据他们的年龄变化而改变。母亲还告诉艾米，她很注意自己的健康，并定期去找医生做检查，尽力保持健康（这对艾米来说非常重要，因为她的父亲就死于心脏病突发）。这个计划大幅度缓解了艾米的焦虑，她能够让母亲去做事，也更容易跟母亲分开去上学了。随着时间的推移，这种情况继续稳步改善。

这种对于死亡的自我中心主义在孩子的发展过程中很正常，实际上还会随着孩子进入青春期而有所加深。到那时，孩子会认为自己是不朽的，并开始将死亡浪漫化，正如他们在许多青少年戏剧、电视、电影甚至书籍中看到的那样。

我们将在本系列的第三本书中更详细地探讨这方面的内容，但由于一些父母会在他们即将成为青少年的孩子身上看到这种行为模式的影子，所以我想在这里稍微聊几句。这也是产生和思考关于生命的意义、目的，以及既然我们最终都会死去，为什么还要做所有日常琐事等问题的年龄。你并不负责回答这些问题，但你可以和你那前青春期的孩子一起进入内省状态（"有时候我也会对这些问题产生好奇。你想到的答案是什么呢？"），并尝试在孩子思考生命和死亡问题的时候与他相遇片刻。这在发展阶段中很正常，甚至是健康的——即使你觉得孩子像是在考验你。

## 玩它——没错，玩它！

这关乎你如何以**游戏**的方式为孩子提供处理困难事情的机会。在与孩子玩关于死亡和临死状态的 15 分钟游戏时，首先要进入孩子的发展空间：他如何理解家庭中有关死亡的话题？一些家长会说到天堂、来世等，另一些家长则不会，他们会说死亡就是结束。这没有对错之分，但你的叙述要始终保持一致。嬉戏性来自你处理这个问题时的坦诚和开放的态度。你可以考虑玩角色扮演式的对话游戏，或者假装给死去的那个人打电话。你会说些什么，对方可能会怎样回答（保持积极的回应）？你们可以坐下来，一起给对方写一封信——你们甚至可以把这封信塞到邮筒里，把它"寄"给那个人，无论你说他现在在哪里（如果你认为有天堂或来世，那就很方便）。游戏是一种心境和存在方式。它当然不是蔑视或取笑严重的丧失，而是关乎保持联结，邀请孩子参与这一处理丧失的过程。这就是我说"玩它"的意思。

**回忆板**：当一个特别的人去世时，要纪念他以及纪念你们共度的时光，一个好方法是制作回忆板。你需要一块软木板，一些钉子，一系列照片，裁剪和粘贴照片的剪刀和胶水，以及其他一些东西，比如票根（电影票或游乐场的门票等），或他最喜欢的甜食、巧克力包装纸，你也可以压一朵他最喜欢的花，然后把它放进层压纸里。一边把所有这些东西放到回忆板上，一边谈论和分享关于这个人和这些事的回忆。你可以在开始时把回忆板挂在每个人都能看到的地方，然后随着时间的推移，把它改挂到衣柜门的内侧，这样就可以在有需要时去看它，而不是一直看到它。

**用气球传递信息**：在纸上写一句话，画一幅画或一个符号（比如心形），然后把它卷起来，推到气球里，再把气球吹起来并系牢。在大风天或者在有风的地方把气球带出去（或者用氦气球），放飞它。这也是象征着放手，并让孩子有机会说出他本来觉得没机会说的告别的话。

**制作一个遗产箱或一张海报**：这对于这个阶段中年龄较大的孩子来说是个好方法。当孩子开始思考死亡并质疑生命的意义时，让他坐下来想一想，他想要为世界留下怎样的遗产。先说："想象你很老了，比如说106岁，你快死了——你希望自己已经取得了怎样的成就，做过什么事情，去过哪些地方？你想与谁组建家庭？你希望他们怎样看待你？你希望自己有过怎样的冒险经历？……"把所有这些都画在海报上或制成可以放在盒子里的小型纪念品。你可以和孩子谈论讣告，并一起阅读一些讣告。轮流写对方的或自己的讣告，一定要假装自己已经很老了，并站在漫长一生的终点写讣告。

**在植物和动物身上练习如何面对死亡**：这对年幼的孩子也很有用。让孩子种下种子，并负责照料这株植物。不要担心他浇水过多或过少，因为无论哪种结果都能让他吸取经验，这对他来说很重要。当你看到已经凋零的植物或花朵时，可以这样说："哦，这些花已经死了，我们把它们加到堆肥里吧，这样它们就可以腐烂分解了。"即使孩子还很小，也可以谈论昆虫和植物的死亡，并使用这种说法。如果你们家养宠物，失去一只宠物可能就像失去一位家庭成员一样（也许不是所有的宠物都如此——金鱼的寿命往往较短，但如果是狗或猫，你们可能与它已建立了非常深刻的关系）。宠物死亡往往会让孩子第一次体验到死亡和悲伤，因此，确保你给予孩子应有的空间和尊重，使用正确的语言，举行一场悼念死亡宠物的仪式，制作一幅记忆拼贴画或照片，谈论这只宠物，以及它带来了多少爱与乐趣。这是向孩子介绍哀悼和死亡、葬礼和埋葬的难得的好方式。

## 告知孩子父母分手的消息

作为成年人，结束一段关系对双方来说都是艰难的选择和经历，更不用说孩子了。就像飞机上的空乘在安全须知中说的那样，你必须先给自己戴上氧气面罩，再给孩子戴上氧气面罩。我的意思是，在你和孩子坐下来谈论这件事之前，**先给自己足够的时间来处理分手的决定**，并就如何共同抚养孩子达成共识、制订计划。如果做不到这一点，而且分手后分居的决定来得比较突然，或者你们无法及时就细节达成一致，那么你需要与孩子坐在一起，告诉他爸爸妈妈中的一个人即将搬出去，以及这对他来说意味着什么。你要强调大人们仍在解决细节问题，你会随时告诉他最新的情况，如果分手来得很突然、激烈，或者你们还要进行有关监护和探视安排的法庭听证会，那么你将无法回答孩子可能会问出的一些问题。

我的经验是，你应该始终诚实面对孩子，但要考虑到他的发展阶段，尤其是在涉及这些改变人生的事件时。即使你把这件事所涉及的各方各面都处理得非常好，父母分手后分居依然是一件改变孩子人生的事。

分居的细节将根据你们的特定情况而定，但事实是，无论我们如何努力，我们都无法完全保护孩子免受或逃脱正在发生的事情的影响，也许我们本来就不应该如此用力地去尝试这件事。孩子是家庭中的一员，当这个家庭分崩离析时，他有权（以适合发展阶段的方式）了解正在发生的事情，以便参与变化，而不是被动地接受变故。

如果你们的孩子们年龄相近，而且你们两个人能够一起坐下来和他们谈话，那就这样做。如果孩子们年龄差较大，需要以不同的方式听到这些信息，那么就和他们一个一个地坐下来，谈一谈。尽你所能地管理你与伴侣之间的动态关系，让父母双方都能出席与孩子的谈话。

谈话内容可以是这样的："我们做出了一个艰难的选择，结束我们的婚姻关系，我们不会再住在一起了。妈妈（或爸爸）将搬出去，住到某地去。我们的关系发生了变化，虽然我们不再爱对方，但我们都很爱你，而且会永远爱你。我们仍然是你的父母，并将一直是你的父母。只是我们觉得作为朋友而非伴侣，我们才能最好地做到这一点。"

也许你们之前有过很多次争吵，或者不愉快的冲突（如果你认为处于这个发展阶段的孩子没有发现你们之间的问题，那就太天真了），根据具体情况，你还可以补充说："如你所知，我们相处得不太好，所以最近家里发生的争吵和争执比较多。这不是我们任何人想要的，对谁都没有好处。"

也许还有更多关于分手的细节，无论是外遇还是你们中的一个人要离开并直接进入一段新的关系，你们的孩子都（还）不需要知道这些细节。你们应该采取谨慎的方式，在孩子了解更多类似细节之前，父母分手这件事已经够他处理的了。

这个年龄段（或更小）的孩子仍然非常以自我为中心，所以他的主要问题会是："这将如何影响我和我的生活？"这很正常，也是可以理解的，你应该在他提出这个问题之前就想一想如何回答这个问题。你可以这样说："你会像之前一样继续住在这个家里，跟爸爸（或妈妈）在一起。某天，你将会去某处和妈妈（或爸爸）住。你依旧上同一所学校，和你的朋友们在一起，大多数事情对你来说都保持不变，但变化的事情是大事情，所以我们想让你知道。不管是现在还是以后，你都可以问我们任何问题。"

当然，在孩子将继续住在家里和上同一所学校的情况下，你们才能这样说。如果分手的决定导致你们需要出售房屋，那就跟孩子说一说眼下的情况，不要做任何关于未来的保证："现在，你将继续和妈妈（或爸爸）住在一起。我们还在研究怎样做最适合我们所有人的未来，如果有什么变化，我们会告诉你的。目前，某事、某事都保持不变。"

请注意，如果你们要卖房子，那么你们需要直接告诉孩子这个消息，不要让他从其他人那里听说。你也要清楚地表明，成年人已经做出了的决定，没有商量的余地，但同时，要**接纳并共情**孩子对这个决定所产生的情绪反应："我理解你对我们必须从家里搬出去这件事感到愤怒和不安。接受变化真的很困难，尤其是那些你无法选择的变化。我们考虑了所有的选项，然后发现，这是唯一能照顾到所有人的方法。所以，我们要搬到某处（如果可能的话，在分享这个消息之前尽量想好一个计划），你可以自己装饰一个新的卧室。那边离某处的便利设施（足球场、公园、水族馆、动物园、森林）很近，你会喜欢的。我们对这种新变化也有点紧张，所以我们理解你的紧张，但我们会互相帮助，共同渡过难关。"

请记住，如果孩子大发脾气，冲出房间，大喊大叫和哭泣，这些都是可以的。给他做出反应的空间，在事后安抚他并修复关系。

要想在这段必然很困难的时期仍然照顾到孩子的情绪，你就需要使用自己的社交网络，包括身边的朋友和家人。你不需要那些（善意的）人来告诉你该做什么或该如何感受，因为这些你都已经知道了。但你确实需要有人支持你，为你倒一杯你急需的茶或酒，静静地倾听和接纳你当下的心情。出去走走，呼吸一下新鲜空气，让自己回归当下。重要的是，你要有一个让你可以做自己的人，一个让你可以无拘无束的人。在这个人面前，你能说出所有那些你为了顾全大局而无法对前伴侣和孩子表达出来的情绪，而他也能够接受并包容所有的情绪，让你能够推进整个分手进程。

树立良好的自我照料的榜样对孩子来说很重要。但如果你真的情绪崩溃了，在孩子面前哭泣或失去理智，也不要自责——你是人，这对任何人来说都是一段非常困难的经历。

一旦你冷静下来并恢复理智，就去找你的孩子，承认发生的事情："我刚刚情绪崩溃了一会儿。我觉得这一切的压力有点太大了，让我的情绪爆发了。这一切对我来说也很困难，但我想让你知道，情况会好转的。我现在就平静了下来，一切回归正常。有时让自己崩溃一下是件好事，不是吗？我想让你知道，如果这种情况发生在你身上，我会安抚你，帮助你平静下来，每一次都如此。"

## 挣扎着融入群体

我已经谈过了友谊的问题，但关于这个特定方面的对话往往是最为棘手的，因为看着孩子为融入群体而挣扎非常令人痛心。你可能有强烈的冲动想要介入，把孩子从这种挣扎中解救出来，为他管理友谊或玩耍体验，使他看起来能够"融入"。这种冲动非常真实，也是可以理解的，但是……**不要这样做！**是的，我是说，让孩子挣扎吧——轻微到适度的挣扎，但不要让事情恶化成霸凌或有针对性的孤立（尽管对大多数孩子来说，只是普通的挣扎，不会体验到更大的恶意）。

那么我为什么会建议你让你那处于8—12岁阶段的孩子去挣扎？这样说并不是因为我是虐待狂或残忍的人，我希望你现在已经看到，我一直主张在育儿时要抱有善意和同情心，但在这个方面，抱有善意意味着你要**后退一步**（不是完全走开，只是后退一步），让孩子能够自己感受和思考，并想出方法来解决困难。

在尝试融入群体的挣扎之中，孩子将学到最重要的社交技能，处理具有挑战性的社交情境，与新认识的人群和同伴协商边界，找出与自己合拍的人，并与被孤立或被排斥在友谊团体之外的人共情。孩子能从这场挣扎中学习很多内容，如果你过早地介入并为孩子"解决"问题，对孩子来说是不利的。

那么，当孩子挣扎的时候，你能做些什么来帮助他呢？**当他为了从挣扎中解脱出来而来找你的时候，你可以花时间倾听他，并共情他的感受。**始终敞开亲子沟通的重要大门，大量使用共情和**反思性倾听技巧**来帮助他。与孩子谈论可以做些什么来改变现状，特别是当你觉得他的提议不会带来他所希望的变化时，可以这样说："好棒，听起来你确实仔细思考了这个问题，并且有了一个想法。如果你愿意，我们可以在你采取这个办法之后继续讨论它的效果如何。"

作为父母，我们总是觉得当孩子和我们说话时，自己真的在倾听他说话，但当我与这个年龄段的孩子谈话时，他们告诉我，大人在听他们说话的同时，脑子里总想着要说些什么来回应。这导致我们虽然听到孩子所说的内容，但却错过了关于孩子**如何说出这些内容**的非语言线索。现在，花几分钟时间来做以下这个有效倾听测验（需要时可重复测验，这不应该是一次性的练习）。

## 有效倾听测验

阅读下面的问题，圈出在当下最符合你的答案。你可以根据需要随时重做此测验。

**问题1：**当孩子和你说话时，你是否会停止手头正在做的事情？

是

不是

有时是

我不知道

**问题2：**当孩子说话时，你是否会全神贯注地倾听？

是

不是

有时是

我不知道

**问题3：**当孩子说话时，你是否会打断他？

是

不是

有时是

我不知道

**问题4：**为了更清楚地理解孩子，你是否会重复一下孩子说的话？

是

不是

有时是

我不知道

**问题5：**当孩子向你询问问题时，你是否在他说完之前就已经在思考解决方案？

是

不是

有时是

我不知道

**问题6：当你在听孩子的解释而且对此感到心烦意乱时，你是否会把双臂交叉抱于胸前？**

是

不是

有时是

我不知道

**问题7：当孩子和你说话时，你会看着他吗？**

是

不是

有时是

我不知道

**问题8：当你想让谈话继续，或者当你不理解孩子所说的内容时，你是否会提问？**

是

不是

有时是

我不知道

**问题9：你是否为孩子提供其他与你"交谈"的方式，如社交网络、短信和电子邮件？**

是

不是

有时是

我不知道

**问题10：你是否会告诉孩子，如果他需要你的倾听，你会在那里，或者对他说你"好奇"你们之前谈过的事情现在怎么样了，以这样的方式来鼓励他以后继续谈论某事？**

是

不是

有时是

我不知道

现在花点时间内省，你的答案给你带来了怎样的感受？这意味着什么？

毫无疑问，**积极倾听**是你可以拥有的最有益和最有效的育儿工具。你可以用"做"的方式来倾听，并向孩子传达你身处当下，与他在一起，你听到且理解他的观点（这并不意味着你一定得同意他的观点），而且你对他所描述的情况或事件有了更深的认识和理解。积极倾听关乎接纳，而不是教导。我们可能知道孩子告诉我们的某些事情是不真实的，或者至少是过度概括的，但当下最重要的是，让孩子感到他的情感体验被你理解和承认。

萨姆和他的父亲来向我咨询。9岁的萨姆在治疗刚开始时非常不安，所以他的父亲坐到他身边，告诉我萨姆的情况。我建议还是让萨姆自己来说。

萨姆开口说："我们班上的每个人都被邀请去参加一个同学的生日派对了，除了我。"

父亲直接插话澄清："嗯，不是每个人，萨姆，因为我知道大卫也没有获得邀请。"

萨姆爆发了，对着父亲大喊大叫，说他什么都不知道，而且大卫那天甚至都不在现场，并补充说："在你说其他人没有被邀请之前，我得告诉你，这是一场运动派对，不是每个人都擅长运动。"

我提示父亲，我会介入对话。我大声地叹了口气，说："萨姆，你真的很失望，因为你没有被邀请参加这场派对。想到只有那些擅长运动的孩子才能去这场派对，而你也很喜欢运动，却没有被邀请，这让你很生气。"

父亲很快就明白过来了，并对萨姆说："我很抱歉，我没有注意到你对这件事的感受。怎样才能让你感受好一点呢？"

萨姆一开始不屑一顾，而且有点戒备，所以我建议我们暂时悬置这个问题，先玩一些游戏。我们开始玩挑战类游戏，萨姆和父亲一起合作对抗我。通过让他们成为一个团队并共同协作，我们消除了父亲的过失（从萨姆的角度来看）所遗留下来的紧张关系。通过保持游戏中的竞争因素，我支持着萨姆克服他心中剩余的挫折感。

在会面临近结束时，我谈了谈萨姆和父亲作为一个团队合作得多么好。在穿外套的时候，萨姆对父亲说："也许我们可以在星期六（派对当天）去购物中心，在那儿的攀岩墙上玩一些攀岩运动？"

父亲说："这真是个好主意，谢谢你邀请我。我很想跟你一起去攀岩。"

如果父亲只是提出在派对当天带萨姆去做点别的事情，而不顾萨姆仍然"沉浸"在被排斥的情绪亢奋之中，萨姆很可能会拒绝这个提议。但是，我们通过等待，通过确认萨姆对这次经历的感受，并允许他用"做"而不是"说"的方式来处理这些感受，萨姆能够自己想出解决方案。父亲很可能是对的，很多其他孩子也没有被邀请，但是他无意中用逻辑和推理否定了萨姆的情感体验，却试图让他的感受变好。

当我们停下手头的事情，真正地倾听孩子，并给他充分且专一的关注时，我们让他明白，他值得获得我们的关注。我们告诉他，他和他面临的问题是我们当下最关注的事情。

我们不仅要回应孩子说出的内容，还要回应孩子说出这些内容的方式，包括我们是如何理解他对这件事情的感受的。我们要让孩子知道，我们听到了他的挣扎和痛苦，而且我们相信从他的视角来看，他们对世界、眼前问题的看法是有原因的。

当我们后退一步，并"好奇"孩子认为应该怎么做才能改善或改变情况时，孩子会明白，我们相信他知道该怎么做。我们给予他力量，让他试一试自己的解决方案，练习独立。孩子可能会成功，也可能会失败，但无论如何，他都能从中学习。正是通过反复经历这样的体验，孩子的社交技能和解决问题能力才会发展和提升。

正确地做这些事需要经过很多很多的练习，所以让你自己松口气。要记住，你需要抱着接纳而不是评判的态度倾听。你是在接纳孩子的感受，而不是在评判他所说的事实，也不是判断他的感受是不是太小题大做。倾听孩子的感受，让他更深入地理解自己的感受，孩子会感觉到自己被理解了，也明白你"懂"他。当你置身事外，意味着你不会采取行动，只是在孩子想出解决方案的过程中陪伴着他，你就是在告诉孩子，你可以接纳他的任何感受。

## 练习

现在我就拿这个（很常见的）情境来举例子：孩子宣称他讨厌学校，他再也不会去学校了，因为学校很无聊，反正他在那里也学不到什么。

现在，我邀请你写出对孩子的回应，要采用接纳而非评判的态度，回应孩子所说的内容以及他说出这些内容的方式，并好奇他将如何解决或应对这个困难的问题。

写下一段简短的回应之后，练习大声说出这段话。理想的情况是，找一个能对你做出回应的人来练习，或者把自己的声音录下来，说完后听一听，想象一下如果有人对你说这些话，你会有怎样的感受。在此基础上，你可以根据需要进行调整和修正。

我可能会这样说："你觉得学校很无聊，这肯定不好受，因为你很聪明，应该在学校感受到挑战和参与感。"也许这能引发孩子回应给你更多信息："是啊，而且老师也无能为力，因为他所有的时间都花在让学生听讲上了。"

现在你可以补充说："你觉得很烦，因为所有的课堂时间都花在一小群孩子的行为上，而你却没有学到任何新东西，这一定令你很沮丧。"

孩子可能会回答说："所以我不想再去学校了——没有意义，不会改变的。"你可以说："哦，我理解，令你感到沮丧的不仅仅是其他孩子，还有不解决问题的老师。你希望老师能够改变这种情况，让你能从课堂上获得你需要获得的东西。"

这也许会让孩子这样说："没错，就是这样。我觉得我们几个同学应该在明天下课后一起去找老师谈谈。"

这并不是一份剧本，更像是一个模板，在可能会出现争执时给予你指引。对话可能从孩子说"我不想去学校，因为学校很无聊"开始，你厉声说"那你可真不走运，因为你必须上学，所以早点习惯吧"中结束。而在上述过程中，我从没有对孩子说你必须去上学，但到了对话的最后，孩子说他要去学校解决这个问题。

你可以利用自己对孩子的了解，并观察他的身体语言和语气，凭直觉判断他对某种情况有着怎样的感受，将孩子的一些非语言线索微妙地反映给他，这能让他感受到你理解他这个人，也理解他的想法和感觉。**微妙**是关键。你不是要镜映出他的一切动作，但如果孩子双手低垂，那么你也可以逐渐把手臂放到髋部旁边，像他一样无精打采，配合他语气里的情绪（这不是模仿，模仿会让孩子感觉好像你在取笑他）。

你要确保自己有足够的时间这样做，并牢记大多数感受是短暂的，迟早会过去。允许孩子得出自己的结论，并记住，即使他没有想出解决方案，也不意味着你的积极倾听没有发挥作用。我们的目标不是"修理好"孩子或问题，而是让孩子感到自己**被倾听和理解**，以及让你在孩子关键的发展阶段使用这种沟通方法来加深你们的亲子关系。

如果孩子需要你提供具体信息，或者根本没有心情说话，或者他需要的是安慰、鼓励或纠正时，不要使用这个方法（只需说等他想说的时候，你随时都可以倾听）。有时你的情绪太低落或心里没底，有时你筋疲力尽，手头要处理的事情太多，以至于无法坐下来温和地积极倾听孩子谈论关于学校的问题，或者你需要孩子坐上车，让大家能够出发。在这种时候，你对自己和孩子都要诚实："我很想现在花时间听你说这些，但我真的不能。今天晚上 7 点我再来找你，那个时候其他事情都做完了，我们可以真正地一起思考和讨论，因为给你全身心的关注很重要，但我现在做不到。"你先把手头的事情解决完，然后在比较平静或态度比较开放时，再使用积极倾听的技巧。

以上内容旨在告诉你可以怎么做来支持孩子渡过难关，而不是跳进去把他拉出来，为他解决困难。这种育儿方式是积极主动的，而且能够更有效地为孩子带来长期、有意义的改变，并加深你们的亲子关系。

## 用来保持或重建联结的 15 分钟玩耍

**游戏提示**：这些活动可以促进情绪共同调节和亲子联结，这在艰难的谈话之后是很重要的。玩耍能够帮助我们从认知和思考的大脑部分进入情感和感受的大脑部分。它让我们走出逻辑大脑，走入"当下"这个与彼此在一起的时刻。

**果冻、冰激凌**：每次你说"果冻"时，孩子都要说"冰激凌"，但他要模仿你的语气。这意味着，如果你大声喊"果冻"，他就要大声喊"冰激凌"；如果你轻轻说"果冻"，他也要轻轻说"冰激凌"，以此类推。发挥创意，用更多有趣的声音来玩这个游戏。你也可以挑选孩子喜欢的两种食物，或者你们家最爱的食物，让这个游戏变得更有个性。

**眼神信号**：玩这个游戏时让孩子带头开始。在这个年龄段，他可能需要宣扬自我和权威感，这种做法能让他有更多的掌控感，但是仍然处于你作为父母所设定的边界和活动结构内。你可以说，你将跟随他的提示做 10 个动作，然后换他来做你的镜子，跟随你做 5 个动作。做动作的人保持头部完全不动，只有眼睛在动。

观察的人必须按照眼睛移动的方向移动（如果是坐着玩，那他就要向眼睛移动的那一侧挥手；如果是站着玩，那么他可以跳到对方指示的那一侧）。如果孩子的眼睛看向墙壁，那你就朝墙壁或墙上的窗户挥手或跳跃（也就是向左或向右）；如果孩子的眼睛看向天花板，那你就要向头顶挥手或向前跳跃；如果孩子看向地板，那你就要朝地板挥手或向后跳跃；如果孩子转眼珠或眨眼，那你就在他面前滚动双手，如果是站着就转一圈。

## 破除迷信，但仍然保持魔法思维

在童年中期这个发展阶段，孩子会将许多童年的信念抛弃和推到一边。这对孩子和家长来说都会是一段艰难的经历。

到了童年中期，大多数孩子或多或少都已经听说了关于圣诞老人、复活节兔子、牙仙等的传说。孩子们要么自己想出是怎么回事，要么向父母寻求"真相"。你可能很想保护孩子的纯真，维持美丽的神话，但当他来问你的时候，他已经准备好接受答案了。

最安全的方法是先把孩子的问题反馈给他自己。"好吧，既然你问我这个问题，我好奇，你对此是怎么看的？"

我喜欢告诉孩子这个事实："只要你相信，我是说真的相信，那么圣诞老人、复活节兔子、牙仙就都是真实存在的，而且在你的生活中扮演着非常重要的角色。但如果你内心深处不再相信，已经有了别样的心态，那么他们对你来说就不再是真实存在的。你说得很对，这时爸爸妈妈就会把这些角色接管过去。"

放弃信念是令人悲伤且十分困难的，可能还会有与之相关的哀悼过程。让孩子知道，他相信神话的阶段结束了，你对此感到难过，但他的生活中仍然会有惊喜，你仍然喜欢为他准备这些礼物。如果家中还有年幼的孩子，你还要确保大孩子承诺不会打破弟弟妹妹的信念，你可以让大孩子参与为弟弟妹妹购买礼物的过程。

了解真相并不是在宣告也不应该宣告魔法思维及其仪式结束了。你们仍然可以享受这个过程，大张旗鼓地装饰房子或圣诞树，并分享魔法故事。你们还可以制定一个经得起时间考验的、无论年龄大小都能参与的家庭传统仪式。

我喜欢的传统仪式是这样的：在圣诞节前夕，每位家庭成员都穿上新的圣诞睡衣，然后交换一本书和一块每个人最喜欢的巧克力。每个人都带着书和巧克力早早上床，准备好迎接明天这个特殊的日子。这个传统仪式可以一直延续到孩子成年。事实上，你会发现这些传统仪式随着孩子们的长大而变得更有意义——我作为一个成年女性会这样说，是因为我每年仍然会在父母家收到圣诞老人送来的圣诞袜。

## 对话艰难时的十大技巧

1.**运用积极倾听技巧**，不要说那些会让人摔门而去的话。

2.经常与孩子交谈，**通过肯定的语气和肢体语言引出积极的观点、想法和行为**。不要只是等待艰难对话发生，而是要经常和尽早地进行开放的沟通。

3.**以你希望孩子对待你的方式来对待孩子**。对他说"你好""我爱你""你今天过得怎么样？"等。确保自己说话时总是带上"请"和"谢谢"，即使是在纠正孩子行为的时候，例如，"下次请轻轻地关上我的车门"。

4.记住，**语气非常重要**。大喊大叫起不到任何作用。尖锐的声音会让听众（也就是孩子）关上心扉，你将无法与之沟通。如果你觉得自己不得不大喊大叫，那么请从对话中抽身出来一段时间，直到你能更好地控制自己。

5.**提前计划**。想清楚你的谈话要点和你希望在对话中传达的关键信息。坚守这些要点，如果谈话要点被孩子转移到了别处，承认"你提出了一些我没有想到的重要观点"或"这也是一个非常重要的议题，我们可以改天再讨论，现在我们先谈一谈某件事"。如果有需要的话，为自己争取更多时间来整理想法："我需要一些时间来思考你的观点，之后我会来找你谈这件事。谢谢你帮助我进一步思考这个问题。"

6.**准确而详细地说明你期望从对话中得出什么，以及你们**

获得了怎样的共识。如果有必要可以写下来，并采取某项行动计划，但要使用积极的语言，即你希望孩子做什么，而不是你不希望他做什么。你们可以将其写在一张纸上，贴在孩子的房间里；也可以准备一本"别为难事发愁"笔记本，在里面用积极的语言总结每一次艰难对话。

7. **有些事情可以进行一对一的讨论，另一些事情则应与整个家庭一起讨论。**某些艰难对话适合邀请大家提出不同的思想和想法，这可以是一种有趣且不那么紧张的处理方式。美好的时光里往往会蕴藏精彩的对话和温馨的回忆。

8. "按我说的做，而不是按我做的做"是行不通的。**模仿是最好的学习方式。**你就是孩子的榜样，他会模仿你的行为。

9. **永远不要以把孩子拒之门外的方式表示你不赞同他的行为、言论或信仰。**如果你需要一些时间才能和他谈论那些让你不高兴的事情，那就告诉他你需要时间，而不是一言不发地走开。

10. 要清楚，在家庭中，**艰难对话可不是一条单行道，孩子也可以向你提出一个困难的话题。**事实上，你应该鼓励他这样做。用新闻或与公民社会（civil society）有关的事情进行练习，因为这并不完全关于孩子本身，更关于他对某个问题的想法和信念。这类话题能为你们如何思考和谈论棘手话题打下基础，等到你们真的需要以更直接和集中的方式提出某些问题时，就不会觉得不同寻常或尴尬了。

# 15 分钟提示

　　你和孩子在某些时刻肯定会经历我上面列出的部分艰难对话，但你和孩子（甚至是你们家中几个孩子互相之间）也可能会提出自己的话题。在孩子处于童年中期的时候，你可以对他说，你们往一个邮筒里各放入一个艰难的话题，每天晚上你们轮流拿出一个话题，花15分钟一起讨论，这样的方式会给你们增添一些乐趣。有些话题的讨论需要比15分钟更长的时间；而另一些话题可能需要你们暂停一下，以便去搜索信息，这也没关系，因为你们可以在第二天继续讨论这个话题。

　　**邮筒**：拿出一个旧鞋盒，在盖子上剪出一个邮筒式的槽，然后把盖子粘在盒子上。用漂亮的纸包住盒子，或者给盒子涂上颜色，但要把剪出的槽露出来。把它放在大家可以接触到的地方，让每个人都可以把自己认为需要多谈一谈的话题丢进去。

**注意**：这并不意味着紧急或紧迫的话题应该被放进邮筒，等待被抽中。有些话题需要立即处理，有些则可以泛泛地讨论。你可以在盒子的边上贴上一个紧急文件袋，然后先查看这个文件袋里有哪些话题。

第五章
Chapter 05

# 家庭作业与超棒的户外活动

## 家庭作业的学习曲线

坦率地说，我不主张让孩子做家庭作业，尤其是小学生。我的意思是，谁愿意做完一天的工作之后，回到家还要做更多的工作？我是不愿意的，而且你可以确信，你那处于童年中期的孩子也不愿意。我在工作中经常听到关于家庭作业的话题，它是滋生亲子冲突的温床。

我反对做家庭作业的原因包括以下几点：

● 孩子需要时间、空间和机会来玩耍——玩耍是孩子学习的方式，而不是学习过程中的休息。

● 坐在座位上做家庭作业是一种久坐活动，而孩子需要的是运动和体育活动。

● 一些孩子处于繁忙的家庭环境之中，这不像在老师管理下的教室那样是一个令人放松的学习环境，所以在家里做作业会令这类孩子感到压力。

- 孩子一天中大部分时间都在"工作"，所以回家后不应该再"工作"了。

- 家庭作业阻碍了孩子的自然创造力和与生俱来的好奇心，使他们无法走出家门，探索环境。

- 没有可靠且一致的研究表明，多做家庭作业对提高在校成绩有任何帮助。

很好，乔安娜，你说是这么说，但是如果孩子**必须**做家庭作业呢？好吧，那么就用嬉戏的方式来创造边界，让家庭作业变得更有意思。用一个15分钟的沙漏计时器，对孩子说，在所有的沙子都落到底部的过程中，他必须坐下来写家庭作业。然后他可以倒转沙漏，去玩耍、看书、吃零食或做其他事。然后，他必须回来再倒转一次计时器并完成家庭作业。说实话，用30分钟（专心致志地）完成家庭作业应该足够了，如果还不够，你只需给老师写一条信息，说明孩子花30分钟做了尽可能多的家庭作业。这很可能会引发与老师面对面的谈话，你可以去与老师讨论这个问题。沙漏计时器可以作为家庭作业的界限，也可以让孩子在写家庭作业的中途休息一下，这样他就知道自己不能磨磨蹭蹭。

让孩子的家庭作业成为孩子的工作，而不是你的工作。你可以检查一下，确保孩子完成了所有家庭作业（或看一下在你给定的时间内有多少家庭作业没有完成，但不去追究），但尽量不要为孩子纠正家庭作业。如果你看到孩子写了错误的答案，你可以在第一和第二个 15 分钟之间询问他是否愿意花点时间最后检查一遍家庭作业。鼓励孩子放慢写字速度，如果他的笔迹不够清晰，老师就看不清楚，但我建议作为家长的你不要把这件事当作一场斗争。如果孩子因为不理解知识而写了错误答案，那么老师需要在家庭作业中看到这一点，这样老师才能跟进，确保孩子理解了知识——这又回到了我前面所说的，**不要把孩子从每一场挣扎里解救出来，因为挣扎中往往蕴藏着许多宝贵的成长和发展机会。**

采取这种做家庭作业的方式，可以让处于这个发展阶段的孩子最大限度地获得一些好处。这些好处包括：

- 获得即使不想做某件事，也坚持完成的自律性。
- 开始掌握一定的时间管理技能。
- 努力提高容忍度，更好地管理挫折水平。
- 让你进一步了解孩子是如何应对家庭作业的，以及压力和挫折对他的行为有何影响。
- 获得一个学习的机会，也许处于更舒适和轻松的环境中的孩子能够更好地利用这个学习机会。

我很乐意让户外活动（无论天气如何）替代额外的家庭作业，或者让孩子在回家的路上捡三到五件垃圾并妥善处理，或者将亲子或家庭玩耍时间作为额外的家庭作业活动。

## 户外活动——非常必要，不是新奇小事

在学校里，孩子们一天中大部分时间都是在围墙内度过的，因此，让孩子们尽可能多地在户外活动是非常重要和有益的。户外活动有利于身体和情绪的健康发展，我们要鼓励孩子进行探索和创造，并帮助孩子掌握运动技能。户外活动已被证明可以提高在校表现和参与度，因此，如果你要布置家庭作业，你就更有理由将户外活动作为家庭作业了。

户外活动非常棒，在户外空间中，物理限制比室内环境要少得多，儿童能够更开放地表达自己。无数研究表明，孩子经常在户外活动可以减少焦虑、好动，改善情绪，培养合作玩耍技能和团队精神，降低皮质醇水平。当孩子更快乐、更放松、更灵敏、更适应时，也会更愿意学习。

你应该体验过在新鲜空气中散步对放松大脑和缓解紧张情绪的好处——我们有理由相信，孩子们的生活方式越来越倾向于久坐，还充斥着电子屏幕、城市噪声以及其他类似的刺激源，因此他们也能从户外活动，如跑步、跳跃和攀爬中受益。

2016 年曾有报纸报道，前足球运动员、当时的曼联青年学院院长尼基·巴特雇用了马戏团演员来培训球员的灵活性，并教他们如何安全地跌倒和翻滚，以免受伤。我当时认为（现在

仍然认为）这个主意真棒。户外（大部分都是）免费的资源对
孩子运动技能的发展、身心健康的潜在影响是巨大的，非常值
得我们投身其中。

## 回归自然的 15 分钟玩耍

**菜园**：分配给孩子一小块空地或一个花盆，让他自己选择种
下和照料哪种蔬菜或香草，种出来后把它带到厨房，你和他一起
把它加入菜肴里。这类玩耍能够非常好地培养孩子的创造力，也
有很好的滋养性。它给了孩子一个每天到户外去查看菜园的理由。
不要干涉孩子，让他自己主导。在他向你寻求帮助时，通过各种
方式跟随和支持他，但要让孩子感觉自己拥有这块菜园。

**挖掘昆虫**：这并不像听起来那样有技术含量。在某个地方找
一块石头或岩石，慢慢地抬起或翻动它，看一看并讨论一下你们
在它下面所发现的昆虫世界。当然，不要杀死或以其他方式干扰
昆虫，仅仅是发现并讨论它们。

**搭建一个昆虫旅馆或蜜蜂小窝**：现如今，气候变化已经成为
每个孩子的口头禅了，那为什么不邀请昆虫入住你的花园，让它
们做出贡献呢？和孩子一起（而不是为孩子）搭建一个昆虫旅馆
或蜜蜂小窝（不管你怎么称呼它都可以）。给孩子一张所需材料
的清单，让他搜集好并带到花园里来，比如旧花盆、树枝、卷筒
纸板（如卫生纸芯或厨房纸卷筒）、棍子、花园或附近公园里的

一些零星小玩意儿、木材、小砖块、竹子等。你可能需要和孩子一起去趟花鸟市场，采购大一点的东西，如剪竹子的剪刀。你可以做一个造型花哨的大屋子，也可以做一个简单的小窝。最简单的制作方法是找一个缺了底的旧花盆，将竹子（按尺寸切割）插入花盆的孔中，并将切割的两端露出来。很快就会有"居民"搬进你们搭建的昆虫旅馆了。

有一次，我和我的女儿在屋外发现了一只看起来状态非常不好的蜜蜂，它几乎不动，发出微弱的嗡嗡声。她立即为它担忧起来，询问我们怎么能帮助它。和许多小孩子一样，她觉得吃点东西和唱首歌会让蜜蜂感觉好些。因此，我们在一只汤匙中倒了些糖水，然后把它带去蜜蜂那里，把它轻轻推向蜜蜂。女儿给它唱了一首歌（她把蚂蚁之歌改编成了蜜蜂之歌，"一只蜜蜂嗡嗡响，啦啦啦，啦啦啦"，最多唱到了 10 只）。我们可以看到糖水给我们的蜜蜂朋友带来了活力，我们没有打扰它，20 分钟后，它起身飞走了。我们很高兴。这可以让我和我的孩子一起思考，向需要帮助的人伸出善意的援手是多棒的一件事。这是用滋养性的玩耍培养共情能力的好方法。

# 更多户外玩耍技巧和建议

**捉人游戏**：用剪刀、石头、布或者用童谣来确定其中一个孩子"捉人"。"捉人者"追赶别的孩子，碰到谁，谁就成为下一个"捉人者"。只要孩子们还想玩，游戏就可以一直进行下去。

**红毛狗**：这是我上学时最喜欢在操场上玩的游戏。孩子们分成两支（最好是）人数相同的队伍，两支队伍面对面各站成一排，相隔一定的距离。第一队（同样使用剪刀、石头、布或童谣来决定哪一队先开始游戏）在内部商量一下，决定把另一队当中的谁叫过来。第一队喊"红毛狗，红毛狗，我队把某某往这儿勾！"，第一队的孩子们手拉手连成一片，被点到名字的人跑向他们，并试图冲破连接。如果成功，这个孩子就可以从这一队中选择一名队员加入自己的队伍，然后轮到该队叫人跑过来。如果那个孩子没有突破成功，他就直接加入对方的队伍，游戏继续进行。这是一个很好的儿童团体游戏，也可以是整个家庭的户外游戏。

**玩水**：孩子们穿过洒水喷头跑来跑去，或者干脆用一盆水在地上留下湿漉漉的脚印，或溅水花、玩水枪、洗玩具。

**挖宝藏**：你可以在花园里挖一个洞，把某样东西埋在里面，让孩子用手或小型（儿童）园艺铲子挖洞并找出那样东西。玩好这个游戏之后让孩子玩玩水也不错，这样他还可以把找到的东西和自己身上的泥巴洗掉。

**院子艺术创作**：给孩子一些粉笔，让孩子画些画。如果你需要让这项活动更具结构性，那么可以给孩子设定一个主题，让他围绕着这个主题画画。如果你有不止一个孩子，而他们又互相干扰，这个方法就会很有用。

**跳房子**：用粉笔在地上画一个跳房子的游戏，轮流玩。

**捉迷藏**：这个户外游戏的效果也很好，它让孩子能够躲起来，然后享受被找到的喜悦，同时也让孩子能够自由地奔跑和运动。

**跳绳**：拿一根绳子玩跳长绳。如果有三个以上的人一起玩，那就轮流跳。两个人握住绳子的两端甩绳，一个人在中间跳。注意：如果你们只有两个人，可以把绳子的一端系在杆子、墙、门或树上，让一个人在另一端甩绳。有一个可以提高游戏难度的有趣方法，让在中间跳绳的人拿着一杯水跳。当然，水会晃动并洒出来。最后每个人都跳完了，谁杯子里的水最多，谁就"获胜"。

**拔河比赛**：分成两队（或更多），用跳绳的绳子玩拔河游戏。增加滋养性的玩法：当你把孩子拉到你这边时，把他拉进你的怀里或团队的拥抱里；或者让孩子把你拉过去，然后倒在他的怀里，抱一抱他或跟他所在的队伍来一个团体拥抱。

**下腰过杆**：还是用跳绳的绳子，把它绑在两个东西上（可以带两把椅子去户外用），你和孩子轮流下腰钻过绳子，要把后背往下仰，然后上半身尽量与地面平行钻过去。每次降低绳子的高度，看看你们最后可以通过多低的高度。

**转圈圈和望云**：这是一个超级简单且有趣的游戏。感受在花园或公园里转圈圈的快乐，一直转到头晕目眩，甚至摔倒。摔倒后躺下仰望天空，看着它旋转，然后慢慢停下来。在你们并排躺着的时候，说一说你们看到的云朵形状。

**做一个拇指球**：你可以买包含动作、感受或社交故事提示的拇指球，也可以自己制作一个。把球抛给同伴，谁接住球，谁就要读出球面上处于右手拇指下的内容，并做出相应的动作。

拿一个吹起来的气球或者泡沫球（需要比较轻的球，这样你们抛来抛去时不会造成伤害）。如果你们想要**专注于社交技能**，那就在球上写下各种指令，比如"给你对面的人一句赞美"，或者"用搞笑的声音向你左边的人介绍自己"，或者"与你右边的人进行五秒钟的眼神交流"，或者"与小组中的某人握手"。你们也可以**专注于动作**，可以在球上写下："假装踢球""假装进球""游泳""单腿跳""弹吉他""像章鱼一样跳舞"等。

更**专注语言**的拇指球则是使用"第一次、最棒、最糟"来分享社交故事。例如，你的拇指落在了"假期"这个词上，那么你就要讲一讲关于你的第一个假期、最棒的假期或最糟的假期的故事。制作拇指球时可以把许多生活经历包含进去。我喜欢玩拇指球，它是在室内或室外的团体活动中培养社交技能的好方法。

第六章
**Chapter 06**

# 培养韧性与自尊心

## "所有人都在看着我"——前青春期的自我中心主义

自我中心主义会在童年中期这个发展阶段逐渐浮现，但在11—12岁左右真正成型。自我中心主义有两个不同的要素：

> 其他人——孩子相信其他人都注意且（非常）关心他的外表、形象、行为。
>
> 自己——孩子认为没有人经历过他经历的事情，也没有人感受过他拥有的感受。

这意味着处于前青春期的孩子既感到内心脆弱又感到自己无可匹敌。幼儿期也是一个非常以自我为中心的发展阶段，从很多方面来说，前青春期就像是幼儿期卷土重来。不过有一个明显的区别：**前青春期的孩子能意识到别人会或可能会有与自己相反的**

观点，而幼儿期的孩子对这件事视而不见。但是意识到这一点只会让你那处于前青春期的孩子从内到外更加局促不安。

你知道这种感觉——你在自己快要到青春期时经历过这个发展阶段，并从这个阶段中走了过来。尽管孩子告诉你时，你觉得自己不懂，你什么都不知道，但事实是你其实能理解这种感觉。就像其他事情一样，**理解就是力量**。不过，如果孩子老是责怪你，你就很难调用你的理解能力，因为在受到情绪冲击时你也会发脾气。你无法启用思考或推理的大脑部分（新皮层），而是陷入大脑中的情绪中心（杏仁核），它使你战斗、逃跑或僵住，使你对情况做出"本能"反应，而不是反思。

## 内省练习

回忆你自己的前青春期阶段，对其进行反思。问问自己以下问题：

● 处于那个年龄段是什么感觉？你当时有怎样的感受？你当时对自己、他人、整个外部世界以及身处其中的人们有哪些看法？

● 在那个年龄段，什么会让你悲伤、疯狂、高兴？你是如何表达这些感受的？

　● 在那个年龄段，别人对你和你的行为有怎样的反应？这种反应让当时的你感受如何？现在想到这些，你的感受如何？

　● 问问你的父母（如果可以的话）、兄弟姐妹或其他家庭成员以上几个关于你的问题，看看他们会如何回答。

　● 他们的答案在哪些方面是一致或不一致的？这对你有什么启发？

　● 最后，反思你希望在这个发展阶段的自己获得怎样的回应，以及这可能会给你带来怎样的改变。

　　正如你所体会到的，为了别人对你的看法而心事重重可不是一个轻松的心理状态。当你那处于前青春期的孩子努力调和不断变化和发展的自我意识以及（往往包含着负面偏见的）对他人的认知时，你很可能会观察到他的情绪失调变得更严重了。要支持孩子应对情绪自我中心主义，你可以从**共情性联结**开始。

　　为自己按下情绪暂停键很有必要，避免孩子将你拉入激烈的局面。站稳脚跟，闭上眼睛，深吸一口气，慢慢地、深深地呼出气。如果有必要的话，重复这一动作。然后用温和且坚定的语气回应孩子。如果你有疑问，请试着**接纳和共情**——但请记住，接纳孩子的立场，共情他立场背后的感受，并不意味着纵容孩子的所有外在行为。在父母设定的边界和限制框架内进行接纳与共情才是最有效的。

我看到你现在很不高兴、很生气，因为你最喜欢的牛仔裤还没有洗干净、烘干，你没法穿着它到朋友家去玩。（用接纳的话语承认孩子的感受。）

在这个家里，我们不对彼此大吼大叫，但我明白，当你感到像现在这样受挫时，就是会想要大吼大叫。（对孩子表达自己感受的方式设定边界，同时保持接纳的话语。）

你特别希望你之前告诉过我，你今天需要穿牛仔裤，你对自己忘记说这件事感到很沮丧，对我没有直接为你准备好而生气。（帮助孩子为出现的这种情况承担起自己的那部分责任，同时温和地、非评判性地反映他是如何将自己的感受投射到你身上的。）

我明白你的感受，我真的明白。（重复表示你对他的感受的接纳。）

我想我们需要分开一小会儿来冷静一下（从激烈的局势中后退一步，以保证你能够待在自己的容纳之窗[1]内，并能通过共同调节让孩子也回到自己的容纳之窗内），然后我会帮你找到其他你觉得可以穿去朋友家玩的裤子；或者你也可以给你的朋友打电话，告诉他你今天不能去了。不管你选择哪种做法我

---

[1]　容纳之窗（window of tolerance），指一个人面对压力时身心可以承受的范围，最早由丹·西格尔博士提出。

这类情况恶化的原因往往是父母被拉进了孩子的情感需求之中，孩子成了为局势设定温度的人。如果你想有效地掌控这类情况，应该由**你**设定温度，由**你**控制局势的激烈程度，同时以承认、接纳和共情的方式调和和尊重孩子的情感体验。你要让孩子能够感受到被你**支持和理解**。

## 增强的自我意识

在童年中期这个发展阶段，儿童越来越意识到自己是一个独立的个体。这可能会带来一种非常不舒服的、淹没性的体验。这种意识的积极部分体现为孩子渴望变得更有责任感，让自己承担和掌握更多的事情。与此同时，孩子对自己的表现非常挑剔，他很害怕失败，这可能会抑制他的行动，让他对自己感到沮丧。这种感受很难遏制，所以他会情不自禁地表现出来。应对难以承受的坏情绪的有效方法之一，就是以别人为目标，把它们投射到别人身上去，让别人成为这些无法被容纳的、让人不舒服的糟糕感觉的"容器"。

在理想情况下，孩子会把一个坚实可靠的、身边的依恋对象选作"容器"，这个人可以看出孩子正在做什么，以及他做事的方式，帮助他分析和理解这些感受，并把这些感受以更易于消化的小块形式慢慢还给他（如上面那个例子所述）。

说到小块形式，你可能会回想起在孩子还是个学步儿时你是如何养育他的。在童年中期，你会感受到早期育儿反应所产生的回声，当然这并不是说你应该把童年中期的孩子当作幼儿来对待。童年中期的特点是孩子的性格和相关行为会有巨大转变。正如之前说过的，大脑正处于突触修剪阶段，与此相伴的是飘忽不定、不可预测和前后不一致的情绪变化，如孩子会在向你（即父母）示好和对你不屑之间反复横跳，从觉得自己很独立急剧转向觉得自己不受重视，甚至你做或不做某件事都会被他强烈指责。

这个育儿阶段可能会让你备受煎熬，但这也是个采取行动，投入耐心和共情，保持开放心态，并始终陪伴孩子的好时机，甚至是在孩子把你从身边推开的时候。

**注意**：陪伴孩子并不意味着侵占孩子的空间或强迫他接受你的观点，而是你听到了孩子的看法，并告诉他，如果他改变主意想来找你，你会在那里等着他，你也会很乐意支持他解决这个问题。走开一会儿，但保持心态开放，15 分钟后再回到孩子身边看看；如果还是不行，那就再走开一会儿；15 分钟后，微笑着给孩子递上一杯饮料或一些点心，然后再走开，无须说什么。这将足以让孩子（的激烈情绪）平静下来。你陪伴和关注着他，但并不坚持己见或强行干扰，也许他现在能够接受你的邀请，来谈一谈这件事。

这个阶段的孩子所面临的困难的事情之一，就是他必须变得更加独立，将主要关注点从家庭转移到同伴身上，但他需要依靠你的帮助才能实现这一目标。因此，你知道何时该介入并负责，何时该后退并跟随孩子的提示和引导非常重要。说起来容易做起来难，到目前为止，孩子受到的最大影响一直来源于你和其他家庭成员，但现在他就要走出家门，进入一个更广泛的影响网络了，你无法为他彻底掌控或管理这个网络，他必须自己做这件事。

想在这件事上取得成功，孩子必须利用他在解读和理解他人观点、思想、感情、信念、愿望和意图方面的知识。社会认知这个术语描述的是解读社交情境的能力。在努力掌握沟通技巧，使自己能够在周遭世界与他人建立联系并发挥作用的过程中，孩子会建立更强的社会认知意识。要做到这一点，孩子需要强大的解决问题能力、人际关系处理能力、共情能力和批判性思维。

请记住，孩子的这些生活技能和综合教养能力萌芽于发展性玩耍的三个阶段中，特别是在 3.5—5 岁这个第二阶段玩耍中。这不是说孩子在 4 岁时就真正掌握了这些复杂的社交技能，而是说从这个年龄开始，孩子有机会培养这些社交技能支持他们的成长和发展。孩子在 3.5—5 岁时有很多发展内在运作模式和自我意识（即理解自己、世界和他人）的机会，这些机会为孩子提供了跳板，让他能够独立跃向世界，作为个体来处理社交情境。

## 培养情绪韧性、批判性思维和共情能力的 15 分钟玩耍

拿一张 A4 纸，在纸上写下"很久很久以前"作为故事的开头（因为"很久很久以前"后面可能发生任何事情），接下来写第二行。现在折起第一行，把纸递给孩子，这样他就只能读到第二行的开头。他必须从这里开始，完成这一行，然后写出下一行的开头。接下来孩子折起他写好的那一行，你把下一行的开头续写下去。重复这一过程，用完这页纸后翻过来，直到你们写到页尾。谁写到这一页的底部，谁就用"完"这个字结束故事。现在把这张纸展开，大声读出上面的故事，你们会哈哈大笑，对故事中协调或不协调的地方感到惊异。不要评论孩子的字迹、用词、语法之类的问题，只把这件事当作一次有趣的编故事活动。

另一项活动是在几张纸条上写下主题或话题，然后把它们混在一起放进一个碗里。你们轮流挑选一张纸条，然后假装自己是

新闻播报员，将该主题作为新闻故事进行报道。如果孩子年龄较大，那么可以增加这项活动的挑战性。在纸条上写下一个词，并告诉孩子，在他的新闻报道中不能使用这个词，但根据他所说的内容，其他人必须猜一猜这个词是什么。孩子可以自己决定在报道中提供更多还是更少的细节。这个游戏既适合那些更有逻辑和脚踏实地的孩子，也适合那些喜欢夸张情节的孩子，孩子们可以用最适合自己性情的方式报道新闻故事。

这类叙事游戏很适合练习倾听他人观点和阅读他人提示与示意。这些活动很有趣，当一件事情很有趣时，我们就更有可能参与其中，并从中获益。想想你对健身房的感觉，如果你享受健身，那么我敢打赌你会抽出时间去健身房；但如果你不享受健身，那么你就会找到无穷无尽的理由来逃避去健身房。

## 共情是与对方一起感受

在这个发展阶段，我们希望用创造性的方式来加强孩子的共情能力。帮助孩子发展共情能力最好和最有效的方法就是向他展示共情能力。你要向孩子表明你理解他的感受，尽管你对他的相关行为并不高兴，但你仍能以接纳和共情的态度理解隐藏在外在行为背后的感受。同时，将这种理解反馈给孩子，以帮助他理解自己的感受，明白生理和情感状态支撑着我们的外在行为。

# 15 分钟练习

开展"站在你的角度"活动。当孩子情绪激动地讲述他所做、所说、所经历的事情时，你可以使用积极倾听的技巧。让他说，不要打断或评判他。深吸一口气，然后……同意他所说的话。是的，同意。你可以说："当我站在你的角度上时，我可以理解你为什么这样想（做或感受）。这是有道理的，因为你觉得……"然后，邀请孩子为你做同样的事情："站在我的角度上，告诉我，你觉得我为什么会对这件事有不同的感受？"这种方法可以鼓励孩子思考他人的视角，并接受他人的视角就是他人心中的真相，以此来锻炼孩子的共情能力。这种方法也拓宽了内省的空间，让我们平静地反思自己对某些事的信念和想法。同时，这还是一个在纠正孩子行为时与他保持联结的好方法。

我在对这个年龄段的孩子进行治疗的时候，也会把这个方法称为"**尝试别人的感受**"。我会给孩子描述一个简短的场景，请他"尝试"一下场景中人物的感受，并告诉我，从那个人的角度来看是什么样的感觉。以下是一个例子。

我给你讲一个故事，我希望你听的时候，在脑海中描绘一下我所说的那个人。很久很久以前，有一个男孩，他有很多兄弟姐妹。他的家人很忙碌、很吵闹，也很活跃。有时，他的弟弟和妹妹们会到他的卧室里来看他的东西。有一天，他走出家门，一直走啊走。突然间，他意识到自己离家很远，并且认不出自己身在何处，周围很安静，有很多空地。现在我想让你"尝试"一下这个男孩的感受，告诉我，从他的视角来看，这个故事里发生了什么。

你可以编排任何你想要的社交情境。这个情境应该与孩子相关，但不能太明显地谈论他生活中的一些事情。情境要简短，避免任何评判性的或感受方面的陈述，因为你想让孩子把感受投射到故事里，以自己的视角和感受解读故事。除此之外，你还可以和孩子一起去电影院看电影，看完后轮流"尝试"电影中各个角色的感受并陈述出来。你也可以参考孩子正在阅读的书籍（我建议你也读一读）；或者如果你们每天有很长时间是在车上一起度过的，比如开车送孩子上下学，那么你们可以每天在车上一起听一本有声读物，然后在每次"旅程"或一天结束时"尝试"读物中某个角色的感受并陈述出来。这里的关键是，当孩子"尝试"角色的感受时，**请接受他的视角，不要评判他的看待方式是对还是错**。如果我们的目标是把共情能力传授给孩子，那么我们就必须远离评判。

练习批判性思维的另一个好方法是选取一个来自新闻或媒体的（相对）严肃的话题，邀请孩子就其进行开放的谈话和讨论。他如何理解这个问题？他有怎样的想法和感受？然后好奇一下，如果他参与其中，他会采取什么行动来改变现状。不做任何评判地接纳孩子的提议，并进一步好奇，他的提议将如何产生他想要的变化。

## 找到你作为父母的边界

一般来说，你需要设置限制和边界，确定孩子表达一系列不可预测且相对波动的情绪的合理方式。不要把限制表达情绪的方式混淆成或等同于惩罚。是的，你可以有这种感受，但是你不能有这种行为。你可以以温和且坚定的方式守住边界，时不时地允许孩子独处，让他从激烈的局势中走开一会儿。在独处的时间里，孩子可以待在房间里，听音乐、看书、做运动、散步、烘焙。这让孩子有时间和空间冷静下来，反思自己和他人对这个情境的看法。这也给了你冷静下来的时间，特别是当你感到自己被逼到接近或超过极限时。发脾气和公开冲孩子发火只会火上浇油，让激烈的情绪延续更长时间。

你为人父母最重要的力量在于保持冷静，特别是当你难以保持冷静的时候。还记得吗？处理不舒服感觉的一个有效方法，就是把它们投射到自身之外，投射到别人身上去，让别人成为"容器"，容纳我们自己无法容纳的东西。因此，处于童年中期的孩子（请注意，这种情况会持续到青春期）将不得不把他难以处理和理解的不舒服感受投射到我们的身上。这就是通常所说的孩子**惹恼父母的方式**。只是，一开始被惹恼的不是我们，而是孩子自己。

掌控这种情况的方法就是尽量保持冷静，看清正在发生的事情，温柔地把孩子的感受分解成更容易应对的小块形式，并把这些反馈给他："你真的很生气，因为……你对我大吼大叫是因为你对自己感到挫败，而且希望我理解你此时的感受。"或者像我之前所说的，看到它，感受它，然后通过提议（你们双方）独处一段时间，在你情绪爆发和吼叫之前为自己争取点时间，理解当下的情况。

当谈到育儿时，我不是一个幻想家，恰恰相反，你在采取我上面提到的做法时肯定会时而成功、时而失败，所以要对你自己和孩子都仁慈和宽容些。当你实在无法保持冷静，并以吼叫结束了争执，让每个在场的人都惴惴不安时（注意，我说的是"当"，而不是"如果"，因为这种情况必定会发生），你在事后需要一些时间和空间，让局面（和当事人）冷静下来。先处理好你自己的感受，然后再帮助孩子处理他的感受。

## 15 分钟练习：照顾好自己，你才能照顾好孩子

散散步，站在花园里，专注呼吸，或者做一个练习来让自己回到当下。比如，寻找并说出你周围可以看到的 5 件事物，可以听到的 4 种声音，可以触摸的 3 件物品，可以闻的 2 件东西和可以品尝的 1 份食物。你与周遭的外部环境相联结，让它在你体内产生共鸣。你倒数 5、4、3、2、1，并专注于感官感受。这将有

助于你（通过改变视野）重置大脑，并使你（通过呼吸和计数）变得踏实和平静。

这些方法不仅对儿童有效，对成年人也有效。一旦你感到踏实和平静，就能确保你也给孩子提供一些空间来恢复平静。请记住，孩子不太可能在这一小段时间内变得跟你一样平静，因为他不是成年人，没有我们那么大的容纳之窗。因此，等孩子平静下来后，再与他回顾事件，积极地进行修复。向孩子反映当时局面是如何失去了控制，并清楚地告诉他你当时和事后有怎样的感受，你做了什么使自己平静下来，以及你现在感受如何。用简明扼要的话语说，你很抱歉你们的谈话失控了，最后演变成了大吼大叫，当他觉得准备好了时，你想以更平静的方式再与他聊聊。

每一段关系都会出现裂痕，即使是最健康的关系也是如此，只要在裂痕出现后进行体验式修复，就不会对你们的关系造成任何伤害。事实上，这还会给成长和发展韧性带来额外的机会。

前青春期的孩子往往依赖他们的杏仁核（大脑中处理战斗、逃跑、僵住的情绪反应的部分）来处理情绪。同样，这种情况将持续到青春期。成年人会使用大脑中的前额叶皮层来处理大多数情绪体验，因为我们（在大部分情况下）可以思考我们的感受和体会想法带来的感受。

但处于童年中期的孩子不会这样。他们过度依赖杏仁核，这导致他们对情感刺激的反应可能是过度的、戏剧化的，而且很大程度上是失调的。我告诉你这些，并不是为了让你在孩子冲你大吼大叫或哇哇大哭时感到好受些，而是为了帮助你理解他的这些行为，因为理解就是力量。你那成熟的情绪右脑可以"伸出手来"，试着接纳和共情孩子不成熟的情绪右脑，与他进行联结和共同调节。这有点像在孩子漂流到波涛汹涌的海面上时，你给他扔一个"情绪救生圈"，让他锚定在你身上，直到他能自己游回岸上。

## 营造父母空间

育儿过程中一个神圣不可侵犯的部分就是尽可能地保护父母空间。这是一个只有大人、没有孩子的空间，可以是在孩子上床睡觉后与你的伴侣喝杯茶、聊聊天；也可以是朋友前来拜访时，把孩子打发到他自己的房间里，让你享受自己的空间，与朋友喝一杯急需的咖啡，聊一聊。当孩子还年幼的时候，坚守这个空间是很难的，因为他每隔几分钟就会来找你，给你看看他做了什么，让你给他帮个忙，并试图把你的注意力从你手头的事情转移到他身上。我往往称这种现象为**父母愿望与孩子需求之间的冲突**。你想要你的空间和时间，而孩子需要你一直在他的视线中，并通过不断检查来确保你仍然在那里。

在早期育儿中，这并不容易，但你可以理解，甚至接受这点。一旦孩子到了8—12岁，我们往往期待他能够在没有我们持续关注和重视的情况下"正常运转"一个小时，并且在我们与自己的朋友待在一起聊天时能够自娱自乐。如果现实不是这样，你可能会感到很沮丧，亲子之间也会出现冲突。

　　米歇尔和我预约做一些家长心理教育工作，因为她对与10岁的女儿梅根的关系备感煎熬。她把梅根描述为一个喜欢假装成熟的早熟女孩。米歇尔觉得，在过去的半年到一年里，梅根变得"过于成熟"，但仍然非常不成熟。我让她给我举个例子来说明情况。米歇尔说，她的一个朋友带着自己的孩子来拜访她，这个孩子比梅根小2岁，梅根以前和她玩得很好。

　　这一次，她发现梅根拒绝离开大人们所在的厨房。梅根找各种理由频繁来找妈妈，而那些事其实并不需要妈妈帮忙。梅根来找零食和饮料，而妈妈认为这只是"为了找借口待在我的空间里，而不是在她自己的空间里"。妈妈多次把梅根带到起居室，另一个孩子正在那里玩，但是梅根抱怨说她不想和那个孩子玩，并补充说："我和她没有共同点，我不想玩她玩的东西。"妈妈感到很尴尬，把梅根拉到一边责备了她，坚持要她和那个孩子一起玩。于是梅根冲进起居室，坐在地板上生闷气。当朋友回家后，妈妈进去告诉梅根，她对梅根的行为感到不满。梅根说："但我想和你们一起玩，和你们聊天。"妈妈感到个人空间受到严重侵扰，好像她不能和自己的成年人朋友共度时光，因为这已经成为一种模式了。甚至当米歇尔想和梅根的爸爸一起待一会儿或聊天时，梅根也不断地"潜伏和偷听"。

梅根就是我们所说的伪成熟的孩子。真正的成熟是随着时间的推移逐渐发展起来的，孩子逐渐了解自己，知道自己作为一个个体是怎样的，并按照自己的意愿生活。而伪成熟则是指孩子试图像那些比自己大的人那样行事和做人。它不是真实的，更像是一种过家家，外在行为是从别人那里习得的，而不是从自我内部发展出来的，这种伪成熟实际上会阻碍人走向真正的成熟。但其实，这种情况并不是一个临床问题，也不是什么真正需要担心的问题，只需要适当的边界和重新引导就能解决。

还记得吗？这个发展阶段的孩子具有自我中心主义的特点。因此，梅根认为，她周围的成年人应该很高兴看到她想要加入他们。她把成年人支开她这件事视为对她的拒绝，所以她绷着脸生闷气，让大家知道她对此感到很失望。在这个案例中，我建议妈妈和爸爸在晚餐时间问梅根，她这一天中最开心的事情是什么，以及她希望能改变的部分是什么。我建议大人们也向梅根分享他们自己一天中最棒的事情，以及他们想要改变的部分。通过这种方式，梅根积极但有边界地参与了成年人的对话。

以前，妈妈和爸爸在梅根上床睡觉后会聊聊他们一天过得如何。我还建议，当妈妈有客人要来访时，她应该在朋友到来之前就告诉梅根，她会和朋友在厨房里待着，并提醒梅根，当梅根有朋友来玩时，妈妈不会一直在他们周围打转，而是给他们留出空间，让他们自己玩耍和聊天。然后，妈妈应该给梅根分配一项任务（比如读一本书，制作一串珠宝，或进行一些其他手工活动）。如果这个朋友会带着孩子一起来，那么妈妈应该跟梅根说，如果梅根能和这个孩子一起玩耍，并展示给这个孩子如何做某些只有梅根这个年龄段的孩子才知道怎么做的事情（花式编发就很有吸引力），她会非常感谢梅根。

最后，我建议妈妈向梅根保证，那天晚上她会单独带梅根出去散步，就她们两个人（这在他们家是可行的，如果在你家不可行，那就选别的时间散步）。同样，你也可以提议周末一起出去喝杯热巧克力。这类活动会吸引伪成熟的孩子，他们觉得去咖啡馆喝杯热饮和吃块蛋糕的行为很"成年人"。

除了管理伪成熟孩子的外在行为，我经常思考这种现象还在向我们传达什么信息。如果一个孩子渴望像生活中的成年人那样行事，那么什么东西是成年期独有，而童年期则不一定有的？独立性！当你看到孩子出现伪成熟行为的时候，我建议把这当作孩子已经为迎接更强的独立性做好准备的信号。

## 玩耍技巧：练习平行玩耍

有时，孩子似乎很难知道自己应该做什么。他会宣布自己无法单独玩耍，或者干脆就不知道该玩些什么。这意味着孩子会不断地来找你，想和你待在一起，或者要求你和他坐在一起玩。虽然这个邀请很可爱，但你没办法整天做这件事，而且我们希望在这个阶段的孩子身上看到更多独立技能，包括能够在一段时间内独立玩耍。平行玩耍可以很好地实现这一目标。

● 让孩子开始玩耍——和孩子一起坐几分钟，让玩耍启动，然后父母离开，让孩子继续玩。

● 设定一个任务——"你可以玩这个拼图，我等会儿就回来"，或者"为什么不试试重新摆放娃娃屋里的家具呢？我等会儿再进来看看情况如何"。

● 通过和孩子一起坐在房间里，但并不真的和他一起玩耍，来逐渐培养孩子独立玩耍的能力——孩子在玩耍时，你可以坐在房间里的扶手椅上看书；或者让他和你并排坐着，你们一起看各自的书。你可以找个理由放下书本，离开房间，然后再回来，从短时间的分离开始，逐渐延长离开的时间。

● 称赞孩子的创意和努力，但不要干涉他的玩耍过程。

● 不要在孩子每次叫你时都立刻出现——只要你知道孩子是安全的，而且呼唤你并不真的意味着他需要你，那么你就可以说："我听到你在叫我了。我手头正在做一些事情，做完我就去找你。"

你正在帮助孩子逐步获得自我激励和自我娱乐的能力，同时，他也不会因为你把他从身边调开而感到被抛弃或被惩罚。在传递这种信息时，始终要注意你的语气——保持亲切的语气，鼓励和支持孩子的努力，调开孩子时不应该带有惩罚的意味。如果你仍然每天和孩子进行 15 分钟亲子玩耍，这种方式将最为有效，因为孩子会发现，你以可预测和前后一致的方式与他一起玩耍，这让他感到安心，他可以信任你的陪伴，而不需要像以前那样拉着你，要求和追寻你的陪伴。

## 独立之争

在这一时期，父母的愿望与孩子的需求之间发生了冲突。我们希望孩子听话照做，而孩子却需要把我们推开，宣称他可以自己做。这段时期里，孩子会对你送他上学感到尴尬，坚称他可以自己去学校——当你不同意这点，并继续送他上学时，他就会走在你身后十步远的地方，或者冲在前面，假装不认识你。让他去吧。只要你能看到他，并迅速到达他的身边，他就是安全的。

这个时期也是孩子开始对你说教的时候，他会说你设定的边界有问题，因为他所有的朋友都可以做他想要你允许他做的事情。这种明显的操纵可不会到这儿就结束，孩子会跟朋友合作，让朋友来请求你让他做某些事情，因为他觉得你很难拒绝他的朋友的请求。如孩子会派自己的朋友来找你，询问是否能够留宿或参与其他活动。孩子还会试着在他的朋友和你的朋友面前向你提出请求，因为他觉得其他人的在场会影响你的反应。就像孩子在两岁时一样，你此时的任务是在他抱怨和挑衅边界时，温和且坚定地守住边界。

我想简要地谈一谈留宿的问题，因为我在与这个年龄段的孩子的父母合作时，发现这个话题出现的次数非常多。关于这件事，你确实需要一条家规。你要么同意留宿，要么不同意留宿。两种选择都可以。对于让（家庭成员以外的）其他孩子在家中过夜，或者让自己的孩子在别人家里过夜，有些人会感到不舒服。可能是因为家庭日常生活被打乱了，或者因为家里还有更年幼的孩子，你们无法应付这种打扰。

如果你们家是这种情况，那么你要尽早说明并经常提起：在这个家里我们不让别的孩子留宿。你可以经常说这句口头禅。如果你们乐意让孩子的朋友留宿，那么你们要一起决定从孩子几岁起可以开始这种留宿活动，留宿是否仅限于生日或假期等特殊日子，以及应该如何安排留宿活动。例如，孩子们是可以在花园的帐篷里睡觉，还是必须睡在卧室里，或是可以在起居室看电影看到深夜，然后在地板上的睡袋里睡觉？你会在某个时间点说"该熄灯睡觉了"，还是你会睁一只眼闭一只眼，让他们聊天到深夜，第二天都顶着黑眼圈？把这些方面考虑周全，作为负责任的家长，应该由你来定下基调和边界，而不是交由孩子来掌控。否则，他会很高兴地接管局面，指导你如何做这些事情。

你最好与孩子朋友的父母坦诚交流一下，这可以确保你们的想法一致，或至少让对方清楚你的想法。这并不意味着你必须在这方面或其他方面改变自己的信念和育儿方式。正如你经常会告诉孩子的那样，**别人都在这么做，并不意味着你也必须这样做**。我妈妈则喜欢这样说：如果别人都在跳崖，你也跟着跳？

孩子寻求独立不是一件坏事，如何管理才是关键。你需要从小给孩子练习独立的机会，并在安全和有保障的父母边界内逐渐提升他的独立性。重要的是，孩子不应在变得更加独立的同时，在你与他的亲子关系中，甚至在家庭中侵占权力地位。

## 当控制欲强的孩子内心失去控制时

莫拉来与我讨论她对她 9 岁女儿菲比的感受。她描述了自己在家里如何被自己的女儿"霸凌和操纵"，她情绪激动，表示压力很大。她说她有一个"外面看起来是天使，在家变成魔鬼"的女儿，因为当她说菲比对她的所作所为时，她的家人中没有人相信，这也让她倍感压力，因为她觉得家人不相信她，好像她才是问题所在，而不是菲比。

我请莫拉给我举例说明情况。我这样做是为了引出所谓的**关系片段**，即所述行为发生的具体情境，这使我能够从当事人的角度来了解发生的事情，尝试所有当事人的感受，也让我能够观察到某个人在回忆事件时的感受。他能用新鲜的思维和角度来回忆事件吗？还是在复述时再次体验了事件，就好像事情刚刚发生那样？

莫拉给我举了一个例子。菲比放学后会来到厨房，问晚餐吃什么。无论妈妈说晚餐吃什么，都会遭到嘲笑和厌恶："我才不吃这个——这太恶心了。"我好奇接下来会发生什么。在莫拉分享的关系片段中，她描述了她如何将晚餐装盘，然后开始为菲比做点别的东西。这意味着莫拉很少能和其他家人坐在一起吃饭，她每天都会做一些菲比最喜欢吃的东西。

我好奇莫拉怨恨的到底是什么——是菲比拒绝她做的食物（养育），还是菲比控制她何时才能吃上晚餐。我建议莫拉消除围绕着食物的情绪负荷，她可以提前制订好用餐计划，并在厨房里用黑板写出一周的晚餐内容。如果对当天的晚餐有任何异议，那也没有其他选择，因为没有人可以一周七天都吃自己最爱的食物，但妈妈会确保每个家庭成员每周都能吃到一次最喜欢的食物。我进一步建议莫拉赋予菲比一些创造性的控制权，而不是在这场战斗中死磕。所以莫拉在一个星期五发起了"自制甜点"活动。她为菲比和她的兄弟姐妹摆上几款冰激凌和各种配料，孩子们可以根据喜好来制作自己的甜点。

周末早上，莫拉邀请菲比自制冰沙，她可以把自己想要的食物放入搅拌机，并按照自己喜欢的方式食用。除此以外，吃晚餐时一家人要坐在一起吃饭。如果菲比拒绝吃东西，那么她仍然要坐在餐桌旁，陪大家一起吃饭和聊天。

我建议莫拉为菲比盛上一小份晚餐，然后简单地放在桌子上，并不期待她一定要吃。通过消除情绪负荷，并让菲比坐在餐桌旁，她有可能会吃掉一些晚餐，而且她也不能宣称自己没有得到任何食物。重要的是，莫拉不会为菲比煮任何其他食物，而是温和且坚定地守住边界。如果菲比饿了，她可以自由地吃水果篮里的水果。

据莫拉报告，在实施新方案的最初两周，菲比在大多数晚上都坚持不吃晚餐。然而，随着菲比越来越习惯在“自制甜点之夜”和“周末自制冰沙”，以及莫拉发起的“为家庭电影之夜做点心”等活动中有所掌控，莫拉开始看到菲比在晚餐方面有了微小但不断增长的变化。她不再为此事争吵，而是坐在那儿噘着嘴。然后，她开始对晚餐百般挑剔，但逐渐开始吃晚餐。四周过后，菲比才坐下来和大家一起吃晚餐。但在这一过程中，莫拉只是守住了边界，没有对菲比的行为发表任何评论，既没有批评她或催促她吃饭，也没有在她吃饭时进行表扬。在这个例子中，没有发表任何评论就是成功的关键。

要管理孩子的独立性，关键在于守住父母的边界。你可以在不失去父母控制权的情况下，把独立性引入孩子的生活（而且你应该这样做）。记住，当我说父母控制权时，你永远不应该被逼到说“我说了算”这样的话。一旦你这样说，就意味着你没有在掌控局面。负责与掌控关乎做，而非说。如果你正这样做着，那么你就没有必要这样说。

正如一个 2 岁孩子的任务是拓展和挑战你设定的边界，而你的任务是温和且坚定地守住边界，现在的情况也是如此。虽然孩子可能想要获得更多的控制权，但如果你在亲子关系中给他太多的控制权或太大的权力，反而会使他感到不知所措，甚至倍感压力。我们经常在食物和吃饭方式方面看到这类动力关系，因为尽管一个8—12岁的孩子渴望独立，他在生活中的大多数事情上仍然主要依赖父母。然而，对于食物，即入口的东西（极少数例外）完全由孩子掌控。莫拉和菲比的情况就是如此。我们必须在她们的亲子关系中消除围绕着食物和吃饭方式的情绪负荷，并为菲比创造更多的机会，让她在生活中拥有掌控感并练习独立。

## 逃避世界——躲在对父母的依赖背后

保罗和他的父母一起来向我咨询。父母认为保罗缺乏自信，非常害羞和退缩。害羞无须引起临床关注，除非它对某人的生活质量产生了弥漫性的影响。保罗放弃了课外活动，已经很久没有邀请朋友来家里玩了。那些他在过去能够自己做的事情，现在都不能或不愿意再做了，父母对他的退步情况感到十分担忧。保罗似乎什么都需要父母的帮助和协助。

他们第一次来到我的诊室时，我饶有兴趣地观察保罗的父母如何帮助他脱下外套并为他放到衣帽钩上。他们指导他坐在哪里，甚至对他想玩的东西提出建议。这期间，他们的语气很和善，满怀关心。但这是一个9岁男孩，据说他身体强壮，有行动能力，我好奇为什么他不自己做这些事情。我建议保罗的父母坐到外面去，让保罗和我有一些单独谈话的时间。

我带他参观了房间和里面的东西，邀请他选择一些他想玩的东西。我看到他正在看一个架子上的东西，我说："如果你想的话，可以把它拿下来。"

　　他犹豫了一下，说他觉得自己够不着，请我帮他拿一下。我同意这个架子可能有点太高了，但好奇他能做些什么事情来为自己拿到那样东西。他看着我，好像很惊讶，不知道该怎么做。就这样，我们坐着，思考着，看着架子上的物品。大约10分钟后（相信我，当时感觉比10分钟更长），保罗站起来，走过去，踮起脚尖，高高举起手臂。果然，他可以很舒服地拿到自己想要的物品。

　　我赞扬了他的努力："保罗，你真的很想要那件东西，我看到你花时间来研究如何自己拿到它，你想到踮脚并举起手臂的方法。我喜欢你为自己做出尝试。"

　　几次会面都是像这样进行的。之后，我与保罗的父母会面，开始对保罗在家的表现有了更多的了解。保罗的父母仍然把保罗看作一个非常年幼的孩子，并且承认他们仍然在为他做很多他可以自己做到的事情。我们开始在这方面做出一些改变，小小的改变确实会带来大大的不同。比如，保罗每周要参加一次课外活动，没有商量余地，但是他可以从父母认为合适的、负担得起的、可以管理的三项活动中挑选一项自己喜欢的。我让父母每周给保罗分配一些家务和双方都同意的少量零用钱，他要对这些家务和零用钱完全负责，而父母不会告诉他应该或不应该花这些钱。保罗的信心提升了，很快他就重新融入同龄人的群体之中。用他父母的话来说，他又找到了自己的快乐源泉。

让孩子拥有大量适合这个发展阶段的机会来练习独立，有助于他锻炼积极的生活技能，这也是建立自尊心和自信心的一个重要部分。在这个困难的年龄阶段里，孩子的自尊心和自信心容易受到攻击，融入同龄人群体是孩子心目中的头等大事。这也是一个激烈变化的时期，孩子必须重新认识自己是谁、是怎样的人。因为自尊心受损，从前那个活泼快乐的孩子可能会突然之间失去闪耀的光芒。让孩子自己走路去商店买东西，或自己掌管自己的零用钱，为自己做出适当的选择和决定，这些都是培养孩子自尊心、自信心和独立性的好方法。你在传达你对孩子的信任，你相信他有能力为自己做一些事情，这让你有机会为孩子提供积极的反馈，并赞扬他的努力，而非他取得的结果。

## 支持孩子的其他方法：自信心——给家长的建议

● **问一些问题**：例如"我好奇如果有人这样说你，你会有怎样的感觉"，或者"我好奇如果你知道有人被霸凌了，或者你自己被霸凌了，你会怎么做"。这会鼓励孩子思考他人的视角，并体会自己内心的感受和状态。

● **照亮好行为**：想一想，在家中，你们是如何庆祝成功的？你希望孩子知道他在什么事情上做得很好，并知道无论最后的结果如何，你对他取得的成就和付出的努力感到多么自豪。

● **差不多好就行了**：对孩子设定现实的、可实现的期待，让他知道你深信他有能力做得好，并且会尽最大努力做到最好，而这对每个孩子来说都是不同的。问问你自己，你是想让孩子做到他的最好，还是你的最好。

●**对孩子和他的生活感兴趣**：对孩子生活中发生的事情和他的社交保持兴趣。从孩子年幼起就询问他，他觉得一天中最棒的部分是什么，以及他希望哪个部分有所不同。几天后，再回过头来问问他，他处理的那件事是如何解决的，这展示出你心中惦念着孩子和他的生活。让孩子给你听他最喜欢的音乐，或者教你玩他喜欢玩的游戏。见一见孩子的朋友，让他们到你家里来玩。试着找一些你和孩子可以一起玩的有趣之事。

●**对事不对人**：清楚地表达，例如"试试这样做：……，而不是……，因为……。当我看到你倾听我说话，并尽你所能做好时，我非常开心，谢谢你！"。

●**尽管表扬和赞美孩子，而且要无条件地这样做**：与其说"鉴于这是你的第一次尝试，做成这样已经很好了"，不如说"你做得很棒。我看到你有多么努力地尝试，这让我为你感到非常自豪"。教导孩子自由地接受和给予赞美。孩子会模仿你，因此你自己也要这样做。在你听到"你今天穿得很漂亮"时，不要用"哦，这件旧衣服，我已经穿了好多年了"来驳回赞美，只需说"谢谢你"就好。尽量不要只赞美孩子的长相或外表，所以不要说"你看起来很漂亮，这条裙子真不错"，而要说"你看起来真是个伶俐的女孩。我好奇你最近在读什么书"。

●**逐渐让孩子承担起（与年龄相称的）责任**：这会让孩子学会信任和独立，从而建立自尊心和自信心。允许孩子犯错很重要——这是孩子学习的方式，也让他看到我们对他的信任。

同样，这是一个循序渐进和视年龄而定的过程。

●**在家里赋予孩子（与年龄相称的）责任**：试着给孩子分配一项家务活，或其他由他负责做的事情，来让整间房子或整个家庭受益。这告诉孩子，他是一位有能力、有价值、对家庭有贡献的成员。感觉自己能发挥作用和被其他人需要是使自我感觉良好的有力方式。

正如我已经好几次提到的，这个发展阶段的一项重要工作是积累和扩充孩子的情绪词汇，丰富孩子可以表达感受的方式，这样他就不会压抑激烈的情绪，使这些情绪困在心底，无处释放。被困住的情绪会引发一系列的身体和心理问题。

你是否询问过孩子"你感受怎么样"？我相信你肯定问过。这个问题引发了怎样的反应？好吧，孩子的反应很可能从不屑或戒备的反问，如"还行吧，我不知道，你为什么要问我这个问题？"，到更为愤怒的攻击"我很生气！因为……"（孩子开始攻击），更常见的反应则介于两者之间。要培养具有安全感且有能力将外在行为与内在情绪状态联系起来的内在情感世界，最健康的方式是积累丰富的情绪词汇和创造性的、积极的情绪表达方式，从而使孩子能够从内在和外在理解自我（他如何理解自己，以及别人如何理解他）。当孩子（注意，我说的是"当"，而不是"如果"，因为这肯定会发生，且不止一次！）对发生的某件事情特别生气或不安时（不是弥漫性的感觉，而是对一件具体事情的反应），这个技巧会非常有效。我发现，用创造性的、好玩的方式来表达感受是一种既实用又有效的技巧。

12 岁的谢恩的父母对谢恩不愿意向他们敞开心扉感到沮丧，他们觉得自己无法洞察他对任何事情的感受。他们认为他情绪多变且易怒。由于谢恩不愿向父母表达任何感受，父母感到无力帮助他，但他的外在行为对家庭产生了非常消极的影响。作为他治疗的一部分，我们做了以下这个练习。

谢恩很生气，因为他的父母说他在上中学之前不能拥有手机（还有一年）。

**我**：当父母拒绝给你手机的时候，你觉得……（我请他只用一个词来回答）

**谢恩**：生气。

**我**：这种感受是什么颜色的？

**谢恩**：红色。

**我**：这种情绪带给你怎样的生理感受？

**谢恩**：（停下来思考——这很好，因为这意味着他正在内省这种感受）像是一种被针刺的感觉。

**我**：如果这种感觉是一种动物，它会是什么动物？

**谢恩**：狮子。

**我**：当你看向那头狮子时，它周围的场景是怎样的？

**谢恩**：（停顿了一下，思考这个问题。这也表明他开始更深的内省）这是一片非常宽阔的田野，周围只有土地。没有树，也没有人。

**我**：狮子是如何在你描述的这块地方跑动的？

**谢恩**：它向各个方向跑得非常非常快，但因为周围看起来都是一样的，所以它有点像是在绕圈跑，而不是在一块宽广的空地上奔跑。

我们停了下来，我好奇谢恩如何看待让自己想象对某件事物的感受这件事。他说，起初他认为这很愚蠢，但当他试图想象这个场景时，里面的动物让他感到悲伤，而不是愤怒，他觉得自己可能要哭了，但不知道是为什么。我们坐在那里一起思考，有时我们认为自己有某种感受，但这种感受下面可能隐藏着另一种感受。我们想到，那头狮子在那片田野中一定感到很孤独，跑得那么快却始终跑不到任何地方。

谢恩突然开始跟我说，他对父母也有同样的感受，跟他们说话让他觉得好像在用头撞墙（他有时确实会因为愤怒而用头撞墙）。我共情了他如此沮丧的感受，并好奇他是否觉得父母理解这种感受。他确信他们不理解，所以我说："好吧，那看来这种方式对你来说确实不适用。我好奇我们是否可以尝试用一种不同的方式来表达你的感受，让其他人更好地倾听你，同时也让你不至于陷入困境。"

让谢恩以一种疏离但又有关联的方式想象出他的感受，这给了他所需要的距离，使他能够更好地理解自己的内心，以及找到更有效的表达情绪的方式。我与谢恩的父母会面，与他们分享了这一技巧，以便他们可以在家里与谢恩一起使用。这种方式让父母能够理解谢恩的感受，帮助他将感受与行为联系起来，并逐渐开始使用语言而不是行动来表达他的情绪状态。除此之外，谢恩的父母能够在这个练习中学会如何回应谢恩的感受，例如他们可以好奇，怎样可以帮助身处田野的狮子找到摆脱那种感受的方法，或者好奇红色有多深，或者什么能让狮子的脚步慢下来，或者怎样才能改变颜色的深浅或那一刻所产生的感受的强烈程度。

## 如何成为一个影响者——你孩子的影响者

在这个不断变化的数字时代，制作自媒体视频可以成为一份职业，成为社交媒体上的"网络红人"可能会财源滚滚，那我们如何确保自己是孩子生活中的主要影响者呢？我们不会是唯一的影响者，这是肯定的。但现如今，一个孩子从婴儿期开始就成为营销公司的目标人群，在这样的世界里，我们该做些什么来确保我们传达的信息是孩子在面临选择和质疑时默认会采用的信息？在大众媒体的轰鸣声中，家长孤零零的声音很难被听到。那么，我们该如何管理那些影响者的影响力？

《广告周刊》（*Adweek*）的一项研究指出，美国的孩子在 3 岁时就能认出 100 个不同的品牌。这绝不是美国独有的现象。我提到的那篇文章接着引用了孩之宝（Hasbro）、美泰（Mattel）和雀巢（Nestle）的一位前营销顾问的话："婴儿不会区分现实和幻想，所以他们（那些公司）认为，'让我们在孩子们最易受影响时捕获他们'。"

你不仅仅是在为孩子买一本书，因为这本品牌书会自动提示和引导孩子去接近与之配套的电视节目、电脑游戏、铅笔盒、扑克牌、午餐盒等。童年和玩耍的商业化是一门大生意。作为父母，在这些东西的影响力中艰难跋涉，我们必须找到方法，让孩子听到我们的声音。

首先声明，我确实看到并相信社交媒体上的影响者可以为年轻人带来亲社会的好处，激励他们做出更积极的行为（我想到了 JoJo Siwa 和她的反霸凌内容，JoJo Siwa 是欧美知名"网络红人"）。然而，为了靠这份工作谋生，这些影响者也在向我们的孩子推销，并通过孩子向我们推销（我还是想到了 JoJo Siwa 和她卖的发带系列）。

过去只是青少年，但现在越来越多的前青春期孩子把大量时间花在网络，特别是社交媒体平台上。营销公司很聪明地察觉到这一现象，并迅速利用这些"坐着"的观众，用广告和赞助内容对他们狂轰滥炸。出于信任，孩子与他们关注的影响者会形成联结。他们（大部分时候）并不会批判性地评估影响者向他们推销的广告或产品。

那么，我们如何确保孩子默认采用的是我们的声音、信息和道德观念或指导，而不是这些外部的影响力？我们必须尽早开始与孩子对话，并不断地进行对话。我们不能只谈论一次困难话题，然后就松一口气，心想：呼，这个话题总算谈完了。我们需要与孩子多次谈论这些话题，并且随着孩子的成长丰富这些对话的内容。我们需要始终敞开沟通的大门，并努力传达这样的信息：没有什么话题是谈话禁区，孩子可以来找我们谈任何事情，我们也愿意和他谈论这些内容（无论是什么内容）。

## 孩子的磨人劲儿——不要让它拖垮你

我们可以先试着把童年中期的孩子开始接触社交媒体的时间推迟到他进入青春期后（或尽可能推迟）。童年中期时，儿童的大脑还太不成熟，无法以健康的方式和合理的边界来应对社交媒体。很多成年人都很难以健康的方式使用社交媒体，更不用说神经系统尚在发育期的孩子了，他们当然难以调节上网行为，以及调节社交媒体对他们日常现实生活的影响。

在童年中期，孩子有着关键的、以自我为中心的动机。他想要成为受欢迎的人，想要受到同龄人的喜欢。这可能会导致他需要在网上积攒大量的粉丝、点赞或认可，这会让他仅仅为了涨粉而接受任何想要关注他的人。

对于网上的陌生人给他的极大关注，孩子很容易受到影响，并且为了不得罪他现在认为已经是朋友的人而突破自己的底线，这可能导致孩子做出不计后果的分享和行为。孩子很关注**自我**，包括自己的着装、风格和兴趣，身体给孩子带来了很大的情绪负荷。这使他很容易觉得相比网上（特别是名人和网络红人）所晒出的理想状态，自己相形见绌。

社交媒体使名人突然变得平易近人，我们可以看到他们的私人住所和个人生活照片，甚至可以直接与他们沟通（如果他们碰巧给我们回信息，那可令人激动了！）。如此直接的接触使他们变得非常真实可亲。当然，他们并没有那么真实可亲。孩子处于童年中期的大脑很难理解对名人的"滤镜"，也很难理解人们在选择晒出这张照片之前拍摄了多少张其他照片，很难看穿所有在网上展示的内容实际上经过了多少深思熟虑。此外，由于孩子在这一阶段的主要任务是培养**自我意识**和成为一个与你——他的父母——不同的人，所以孩子会在寻求适合自己的东西的同时，试验各种自我身份。他感到彷徨和不确定，在一种情绪状态和另一种情绪状态之间疯狂摇摆。这种对独立的追求因多变的行为而变得复杂，所以看起来好像孩子在退步，而非前进。

在为人父母方面，我们也从确信**我的孩子永远不会做这种事**的阶段，进入了**我不敢相信我的孩子竟会做出这种事**的可怕阶段。孩子变得冲动且不可预测，但**我们必须努力保持冷静和前后一致**。

孩子的大脑正处于修剪突触的重组阶段，并开始变得高度冲动、热爱冒险和昏头昏脑，所以在这个时期让孩子接触社交媒体世界和它所带来的一切可能是危险的。在这个阶段，孩子会无休止地唠叨，消磨我们的意志，让我们允许他进入社交媒体世界。但是，你知道吗？"磨人劲儿"很有效！随着孩子越来越坚称"所有人都使用社交媒体了"，我们会慢慢开始质疑自己在这个话题上的立场。我们会想，也许可以允许孩子使用没有 SIM 卡的旧手机访问社交媒体，这样他只能在有 Wi-Fi 的情况下才能使用，我们就可以监督他。这些都是对的，但即使如此，整个社交媒体世界的大门也正在向孩子敞开。我们只能希望自己没有搞错情况，而且孩子也已经准备好了。

虽然我说的这些听起来很悲观，但我在这方面的谨慎是有原因的。首先，这个发育阶段的大脑是高度冲动的，社交媒体的开发根本没有考虑到处于这个发展阶段的儿童。社交媒体为娱乐而生，其中的"学习"价值还不如跟你一起在线下阅读。另外，由于社交媒体基于使用和与他人交互的算法，孩子越早接触社交媒体，平台建立的数字档案就越详细，推送给孩子的内容就越具体。孩子的冲动天性，再加上社交媒体对我们许多人的吸引力之强（你不这么觉得吗？在手机上检查一下你的社交媒体使用情况，你会脸红的），意味着孩子很难控制自己花在网上的时间。大量的在线时间会影响到对这个年龄段发展最重要的同伴关系。孩子非常需要学习那些重要的社交技能，而这些技能只能在主体间学习，即通过在现实生活中与另一个人或一群人相处时学习。

## 我对管理社交媒体使用的 5 条首要建议

如果你设法让孩子在童年中期结束后再接触社交媒体，你能做些什么来尽可能地应对好这个阶段呢？我的建议是，无论你在孩子的哪个年龄段开始允许他使用社交媒体，都要逐步引入。

- 在你在场的情况下，允许孩子在一段有限的时间内通过你的手机访问社交媒体，并观察这对孩子的行为和情绪状态有哪些影响。
- 开设一个你们拥有共享访问权的家庭账号，让你可以看到孩子发布和回应他人的内容。
- 关注孩子的账号——当你允许孩子使用社交媒体时，确保你是他的朋友或关注者之一。
- 只允许孩子在大屏幕上访问社交媒体，比如客厅的台式机或笔记本电脑上，而不是在小型手持式个人设备上。这保证了公开性，你可以在这个空间走动，无须鬼鬼祟祟地徘徊，还能使孩子在上网时与你保持更多联结。
- 规定孩子在完成现实生活中的两件事后才能接触电子产品——每天必须花 15 分钟时间和你相处，以及每周必须有一到两次在现实生活中与朋友相处（在课堂之外的时间）。孩子可以和朋友共同参加一个活动，或去彼此家里玩，或只是一起去散步，或在公园里见面。我们知道，与家人和朋友有着牢固、健康关系的青少年在青春期表现得最好，所以这是踏上社交媒体之旅的一个非常重要的先决条件。

以上内容是帮助你掌控社交媒体，而不是让社交媒体掌控你和孩子的关系。线上生活和社交媒体肯定有亲社会的好处，但这些好处只能在有边界的访问方式中实现，这个方式要考虑到孩子的发展阶段并尊重家庭关系。

## 当社交媒体变得非常不友好时

11 岁的卡罗琳被带来见我，因为学校把她的父母叫去，讨论他们对她在社交媒体上的某些行为的担忧。另一位家长举报卡罗琳在社交媒体上"网暴"她的女儿，而卡罗琳的父母之前并没有意识到自己的女儿在使用这个平台，他们甚至没有听说过这个平台，并说他们对社交媒体和智能技术的了解很有限。

当我们聊到卡罗琳是如何开始接触社交媒体的时候，她的父母谈到了卡罗琳 7 岁时，在第一次圣餐礼上获得了一大笔钱，她用这笔钱买了她的第一部智能手机（现在她在用的已经是第三部智能手机了）。她的父母觉得他们不能阻止她买手机，因为那是她自己的钱，而且由于他们对社交媒体和智能技术的认识有限，他们认为这对她在年幼时就培养科技素养很有益。因此，卡罗琳在很大程度上可以不受监督地接触社交媒体（虽然父母确实限制了她玩手机的时长，但他们并没有监督她上网时看些什么内容）。他们对自己的发现感到震惊和深深的痛苦，不知道该如何处理这个问题。

当我和卡罗琳坐下来的时候，她表现得既防备又愤怒。从她父母被叫去学校的那天开始，她的手机就被没收了（在我和她见面的三个星期前），此后她就再也没有拿回自己的手机。

她觉得自己受到了不合理的惩罚，而且她的父母并不关心她的感受。我承认这对她来说一定很难受，并好奇她现在没有手机了，下午和晚上她都做些什么。她噘起嘴，对我说她什么都不做，很无聊。我再次接受了她的说法，并共情说这一定很困难，然后我们静静地坐着，一动不动。

我让这句话悬浮在我们之间，她壮了壮胆子说："呃，也不是什么都不做。我会看书，我喜欢画画，我也会做一些手工艺品。"

这给了我一个机会去探索哪些行为会给她带来快乐并帮助她平静下来。

我决定在我们见面的前三个星期内都绝口不提手机或发生的事情，因为我需要专注与她建立关系，这样她才会觉得自己可以袒露发生了什么，而不会觉得我只是又一个对她或她的行为感到失望的人。三个星期后，我好奇她是否已经拿回了她的手机。她叹了口气，把头埋在手里说："没有，我觉得因为我的所作所为，我再也拿不回手机了。"从这一刻起，卡罗琳开始谈论发生的事情。我了解了整件事，通过她的眼睛和思维，我知道她真的不觉得自己做错了什么——她是真的看不出来。

卡罗琳在一位同校朋友发的帖子下面发表了一些刻薄的评论，评论了朋友的长相、穿着和她在另一个孩子的自拍中摆出的姿势。当她对我说起这件事时，她的态度很抵触。我向她反映说，她听起来很生气，但我觉得她听起来也很困惑，因为她似乎不知道为什么她的行为是错误的，以及为什么她会受到惩罚。她叹了口说："说真的，我是想帮助她。她看起来很可笑，我想给她一些穿搭和摆姿势方面的建议，这样她就不会看起来那么可笑了。"

从这个角度出发，我可以理解卡罗琳的困惑和愤怒。她真的不觉得自己发表的评论会伤人。我们花了一些时间想象了一下她朋友的感受，以及重新登录帐号并看到那条评论对她朋友来说可能是什么样子的。为了帮助卡罗琳明白这一点，我们玩了角色扮演。她是她自己，而我扮演她的朋友。我展示出我在发帖时的兴奋，后来我重新登录我的账号看到评论，我坐在那里静静地盯着我的手机，我让我的面部表情变化为失望、悲伤和尴尬，我假装删除了照片，然后哭泣。卡罗琳坐在一旁看着我，之后她一直沉默不语。她沉默了足足5分钟，然后低声说："我从未想到过这些。她一定感觉很糟糕。"

　　我和卡罗琳又花了六个星期专注做了一些共情方面的工作，还重温了第二阶段的玩耍。你可能还记得我在本系列第一本书里说过，第二阶段的玩耍是基于故事的玩耍。在这个阶段中，4岁的孩子开始用一些微型世界模型进行玩耍，或者让两个玩具互相交谈。我之所以和卡罗琳一起重温这个阶段，是因为在这个阶段的玩耍中，幼儿开始学会共情、批判性思维、互惠和综合教养。从我与卡罗琳父母的交谈中，我了解到她并没有好好玩过这类游戏，她在这个年龄段更喜欢电子屏幕，以及艺术和做手工。我对这类游戏进行了调整，以满足卡罗琳现在的年龄发展。

　　对卡罗琳来说，这种干预很成功。不过我仍然和她的父母讨论了本书中详述的一些感受和共情练习，让她能在后续的成长过程中通过玩耍继续发展这些技能。我们还谈到了有边界的电子屏幕访问，以及她的父母需要更多地了解和参与她的社交媒体。卡罗琳与朋友修复了关系，她给朋友准备了一张可爱的卡片和一份礼物，并对朋友说她很抱歉让朋友感觉那么糟糕。之后，女孩们的关系几乎立即回到了正轨。

## 为大一点的孩子调整第二阶段的玩耍

体验发展性玩耍的三个阶段不仅对儿童有益，更对孩子发展出自我意识、对他人和外界及周遭世界的认识至关重要。这些玩耍阶段为之后所有的社会心理发展奠定了基础，任何一个阶段的缺位都会在日后孩子有问题的外在行为中体现出来。重要的是，我们要看到缺在哪里，然后返回那个地方缩小差距。

如果你 10 岁的孩子显露出需要进行更多感官游戏的迹象，玩手指画可能对他并没有吸引力，甚至有可能让他觉得很幼稚，这将导致他抵触干预措施，使其失效。

以下是一些实用的玩耍技巧，用于调整每个阶段的玩耍类型，即使你的孩子已经长大了，你也可以让他补玩这些类型的游戏。如果你对孩子表现出的明显的差距感到担忧，或者你不确定孩子的差距在哪里，我建议你向经过培训和认证的儿童心理治疗师或心理健康专家咨询，他们可以评估并帮助你和你的孩子。

同样需要注意的是，缺乏这些玩耍阶段中的某一个阶段可能不会（说实话是一定不会）使孩子的发展完全脱轨，但这就像穿着有小石子的鞋走路。虽然你可以走路，但你会感到有点不舒服；如果你一直穿着有石子的鞋走路，你的脚还可能起水疱，导致更多的疼痛和问题，甚至行走困难。最好的做法是暂停一下，把鞋脱掉，把小石子抖出来，这样你就可以回到并沿着正常的轨道行走，而且行走对你来说会变得舒适和可控。

## 与前青春期孩子玩叙事游戏的 15 分钟玩耍方案

**故事方块**：我提到过如何以其他方式使用故事方块来培养孩子的叙事和共情能力。我和卡罗琳一起玩故事方块时，我们把骰子叠放成一个塔，在每一侧向上或向下继续讲故事。这对年龄大的孩子来说更具挑战性，需要长时间的参与和专注，因此也更有吸引力，能让我们在故事中保持更长时间的联结。故事方块也能帮助年龄大的孩子学习如何阅读和回应他人提示，这样他就可以调整自己的想法和感受，使用批判性思维和情绪觉察来保持较长时间的联结。

**故事梗概**：通常情况下，我使用微型玩偶（比如娃娃屋的玩偶）来演示某个社交情境的开头，然后邀请孩子向我演示故事的结局。我跟卡罗琳玩的时候做了一些调整，我把社交情景的开头读给她听，为她写了一个与她的经历和世界观相关的故事，但又不完全相同——一定程度的疏离是有帮助的，这样孩子就不会很明显地看出这个故事是关于她自己的。然后，我把写在卡片上的不同结局摆出来让她阅读，并邀请她选择一个她认为最合适的结局。此时我们停顿下来，思考这个结局以及故事中的各个角色对这个结局的感受和反应。然后，我向她提出挑战。我拿走了她选择的结局，给了她一个与她的选择截然不同的结局。我邀请她感受一下我给的故事结局，想一想故事中的角色会有怎样的感受，以及他们现在必须如何围绕新的结局调整自己的行为和感受。这就像玩20世纪90年代流行过的那种"自己选择结局"的老式神秘故事书。这种玩法确实需要这个年龄段的孩子深入调动内心资源，管理好自己的亢奋程度，同时从多视角进行思考，并在一个并非由自己选择的不舒服的结局中做到这一点，毕竟在生活中我们并不总是能够控制事件和经历的结果。

**导演游戏**：为了用玩耍让孩子参与令他不舒适的严肃事件，你可以告诉他所发生的事情是一部电影，而他是这部电影的导演。作为导演，他可以在任何时候喊"卡！"并改变场景，以带来不同的结局或角色之间的互动。我跟卡罗琳玩了好几次这样的游戏。这个游戏既让她感觉到了挑战，也赋予她力量。在卡罗琳的例子中，这个活动的挑战带来了很多洞察的机会，可以看到轻微程度的压力如何改变孩子的行为和行动。她最初的导演尝试是为了克配那些试图让她对行为负责的成年人。

**如果我是世界总统，我首先要做或改变的三件事是**：这是一个有趣的投射游戏，以嬉戏的方式探索权力动态关系和自私与无私的行动。对于孩子选择的三件事情，重要的是不要去评判，而是带着好奇心引孩子反思这将如何影响他自己、其他人和这个世界。如果有需要的话，也为了使这一游戏更具互动性，你也可以选择你要做的三件事，并采用"以做代说"的方式，向孩子展示更富有同情心的行为将如何产生更大且更积极的潜在影响。

## 富有想象力和基于叙事的玩耍所带来的好处

孩子通常在 3.5—4 岁时开始发展以想象力和叙事为基础的玩耍，并在 5 岁前沉浸其中，这类游戏在整个童年中期仍有强大的发展益处。（这个阶段即第二阶段的玩耍一直是孩子的主要玩耍方式，即使孩子在 5 岁以后进入第三阶段——戏剧性的角色扮演阶段，第二阶段的玩耍元素仍然很明显。）当孩子在童年中期开始重新认识自己，并在发展中逐渐不再把父母和其他家庭成员作为他最大的影响力来源，转而看向同伴和其他人时，这一点尤其真实。

孩子被他人的影响力所吸引，但他仍在发展评估和筛选什么是适当行为的能力。因此，孩子会突然做出一些我们曾经自信地断言他绝不会做的行为，这并不罕见。孩子跟以前不一样了，但他仍在学习如何在这个世界上生存，以及如何与他人相处。让共情能力、批判性思维和解决问题能力持续成为你育儿过程的一个积极部分，与孩子在游戏中保持互动和联结，同时在心中规划一张路线图，指引孩子（和我们自己）走出他可能（一定会）陷入的波涛汹涌的水域。

## 从卡罗琳的案例中得到的主要启示

这个发展阶段非常重要，所以作为父母，我们必须（用行动而不仅仅是语言）表明，我们对孩子感兴趣的东西感兴趣。

卡罗琳的父母对社交媒体或智能技术几乎没有任何兴趣。正因为如此，他们没有仔细研究，甚至没有去简单了解它，而是停留在了激起卡罗琳巨大兴趣和好奇的世界之外。他们把卡罗琳孤零零地留在了一个不断变化的环境中，在这里她可能会受到他人的严重影响，而她的父母，她的情感安全港，无法前来支持她，与她共同调节。这次经历不仅让卡罗琳有机会了解自己的言行对自己和他人的影响，也让她的父母有机会看到并感受到与孩子脱节所造成的影响，而此时做修复和恢复工作要容易得多。

如果这种情况持续到卡罗琳的青春期，那么他们可能会遇到更大的挑战，也更难与她联结和重新建立联系，因为在青春期，她会与父母更加疏远。

## 为卡罗琳的家长制订行动计划

（1）我建议卡罗琳的父母与手机店的工作人员预约咨询服务，让对方向他们展示，他们给女儿的手机能够做到哪些事情。卡罗琳的父母还要与精通社交媒体的人坐在一起，更深入地了解社交媒体（父母两人都可以轻易地在自己的圈子里找到适合和他们一起做这件事的人）。

（2）我建议卡罗琳的父母开设一个家庭社交媒体账号，并各自挑选出 5 个账号，用共同账号关注（这让他们都能更多地了解彼此的兴趣所在，同时也让他们能更深入地了解女儿的兴趣）。

（3）他们可以坐在一起，花点时间刷一刷社交媒体，并讨论他们看到的东西，质疑那些看起来很假的照片，考虑一下帖子有意和无意间传达的信息。最后一点在这个发展阶段非常重要，因为对于卡罗琳这个年龄段的孩子，批判性地评估他们所看到的内容是很难的。他们通常很相信自己关注的所有影响者，并把影响者发布的所有内容都当作真实内容照单全收。卡罗琳的父母可以好奇卡罗琳对某张照片的看法和感受；他们可以积极倾听并对她说的话做出回应，然后提出他们对同一张照片的看法和感受，也许这会让卡罗琳注意到某些她之前没有考虑过的问题。

（4）我还建议他们在家里设立无屏幕区（卧室、餐厅、厨房、浴室），并规定关闭手机的时间（每天晚上 8 点到早上 8 点）。设定边界是帮助卡罗琳安全和健康地使用手机和社交媒体的重要一步。

在这些练习中，所有人都能学习。但学习的基础是联结，是联结创造了共同学习的机会，这样卡罗琳才不会感到被说教和被宣讲，父母也不会感到对自己正在谈论的东西一无所知。

为了有效地纠正孩子的行为，先确保情感联结总是好的。

# 第七章

# "我怎么才能让我的孩子……"
# 回答家长最常问的问题

## 先让事情变得有趣，再把事情做完

在临床经验中，我最常听到的问题都是以"我怎么才能让我的孩子……"为开头的。还有什么比试图让孩子做他完全不想做的事情更令人挫败的吗？我对这些问题的回答通常是"你必须让这件事变得有吸引力，让它变得有趣"，这句话听起来可能也是令人挫败的，你可以把它与一些实际做法联系起来。

我最常听到的问题之一是关于运动的。

**问题：如果孩子讨厌锻炼，或者至少他目前认为自己讨厌锻炼，我该如何让他参与体育活动呢？**

回答：所有的健康研究都告诉我们，如果父母的体重超标，那么孩子也有可能体重超标。我并不是指责你，而是想让你看到这种想法的另一面。想一想，你对孩子看待身心健康的方式也可以产生积极的影响。如果你对孩子有这么大的影响力，那就利用这种影响力，通过树立正面榜样带来积极的改变。

现在请暂停一下，想一想你自己对锻炼和体育活动的态度。在孩子眼中，你是如何对待、思考和谈论运动的？你是否推脱、抱怨它，用以问题为中心的方式谈论它，或者认为它是你必须做而非选择做的事情？如果是这样的话，要改变孩子对运动的感受，首先要改变你对运动的感受。

或者相反，你热衷于运动，并把它看作是必须严格遵守和坚持的事情，你的态度和方法可能会让孩子认为，运动是他必须忍受的事情，而不是可以热情参与的事情。当孩子在发展过程中开始探索自己的独立性，想要抵抗你并与你区分开来时，他很可能会抵制你如此强烈热衷的事情——运动。

如果孩子很喜欢某项活动，而且你看着他从年幼时就自愿且热情地参与其中，并在竞技中表现出高超的技能和进步，但他现在却突然决定放弃这项活动，这可能会让你感到非常沮丧和困惑。当运动中的乐趣被剥夺，转而变成了训练、竞争和获得成就时，孩子就会失去兴趣，因为这已经变成了工作而非玩耍。这会不会是孩子拒绝运动的原因呢？不过有些孩子，尤其是年龄较大的孩子，对这样的目标、指标和成就相当有动力，在竞争性训练中茁壮成长。

你心里知道上述哪种拒绝运动的原因最符合你的孩子。

一般来说，较年幼的孩子更喜欢参加基于玩耍的趣味体育活动，而不是传统的运动。你可以考虑户外游戏，但要加入追赶、绕圈球和捉迷藏等活动；设计一个基于挑战的户外野战训练场，包括平衡、跳跃、爬行、攀爬、跑步等内容，和孩子玩耍时相互计时。

在朋友也参与进来的情况下，处于童年中期的孩子往往会更喜欢体育活动。考虑以下这些活动：让孩子和他的朋友一起带着你的狗去散步；或者在你们当地的山丘或森林地区计划一场长时间的徒步旅行，让他邀请一两个朋友参加徒步旅行，让他们走在你前面一点，这样他就可以和朋友而不是和你互动。

筹划一场家庭定向越野活动。我特别喜欢让这个年龄段的孩子参加定向越野活动，活动的决策过程可以很好地培养孩子的认知能力，辨认地图可以提高孩子解决问题的能力，行走、攀爬和跳跃可以锻炼孩子的身体。你可以通过计时来增加挑战难度，让这项活动对处于这个发展阶段中年龄较大的孩子更有吸引力；或者策划一场小型比赛，看谁能最快地找出线索或最快地到达终点。在定向越野中，你必须通过辨认地图做出一系列决策和选择，以确定什么是最好、最快速、最安全的路线，从而到达一系列目标点。从非常低的难度开始，自己设计地图，让你和孩子在你们熟悉的区域进行探索。联系你们当地的定向越野俱乐部——你不一定要加入俱乐部（比如如果离你家太远的话），但你可以向他们寻求提示和建议。活动结束后用自制的热巧克力之类的食物来庆祝全家一起努力完成任务。

对这个年龄段的孩子来说，还有以下方法能够"先让事情变得有趣，再把事情做完"：

**利用自发性**：手里拿着一个球，把大家集合到一个公共空间，让他们暂停手头的事情15分钟。不用大张旗鼓或做过多解释，立即开始玩团体游戏"驴或马"（donkey/horse）。在这个游戏中，你们必须把球扔给对方，如果谁没接住球，谁就会得到donkey或horse单词中的一个字母，谁先得到这个单词的所有字母谁就出局，留到最后的人就是赢家。

为了让这个游戏更有趣，还可以让每个人在等待球被抛来抛去的同时都单腿站立，或者改为在等待时跳跃或在头顶上挥舞手臂，这样一来，在球被扔到面前时就需要快速反应才能抓住。注意安全，规定在扔球前必须与对方有眼神接触，并强调是把球扔向对方，而不是砸向对方。这个游戏会给你们带来15分钟的活动时间，无须做太多计划。或者在大家进入公共空间后，一起玩扭扭乐游戏[1]，并说玩15分钟之后，Wi-Fi就会恢复。

---

[1] 扭扭乐游戏，游戏垫上4色圆圈排成6列，玩家（2—4人）站在游戏垫上，由一名裁判转动转盘，根据转盘颜色喊出要求。例如，转盘显示红色，裁判喊出：左脚红色！玩家根据要求迅速找到该颜色的圆圈并放上自己的左脚。

**设置计时器**：你们轮流做 15 分钟的深蹲、仰卧起坐、下蹲、开合跳和俯卧撑（总共 15 分钟，而不是每项运动 15 分钟），并互相打气。做孩子的啦啦队可以帮助孩子做完练习，他会觉得自己是在帮你完成。有时我会用活动骰子，用两个不同颜色的骰子，一个骰子上写着不同的练习动作，另一个骰子上写着 5—30 的次数（你可以自己制作，也可以在另一个骰子上写下 1—5 分钟的练习时间）。

**慢跑或长途散步**：将其作为你们单独花时间一起去户外的方式；也可以发动家庭成员，一起跑步或散步。

**结构化**：有时候，略带结构性的活动规则能够帮助你们开始游戏，并使活动维持在正轨上。比如，把计划好的体育活动编成日历，写在你们的家庭活动表上。每天进行一次小活动，每周进行一次更大规模的活动（如家庭远足或定向越野）。

把活动记录下来，活动结束后让每个人给它打星评级，这样你就可以得到一些反馈，知道什么活动有意思，什么活动没意思。同样，你还可以做一个活动罐，往里面装上许多纸条，纸条上写着不同活动。就像幸运抽奖一样，你们轮流抽一张，然后进行纸条上的活动。

**朝着目标努力**：你们可以报名参加那种需要一起完成的户外泥地赛跑活动，可以努力完成 5 公里甚至 10 公里的跑步活动，为此你们必须每天出去训练一会儿。你可以承诺通过这种做法为懋善机构筹集资金,这样一来你们的目标和初心都能维持在正轨上。

**正确安排时间:**确保你把活动安排在一天中的关键时间点中。对我们中的一些人来说,可以是在接孩子放学回家的路上顺便去公园,一起玩一些积极活跃的游戏。这也是甩掉一整天积攒下来的压力的好方法,当你们回到家时,每个人都会更加平静。对另一些人来说,也可以是在晚餐后,当全家人都在一起时,做一些积极的游戏或活动,或在睡前散个长长的步。想一想什么样的活动适合你们的家庭节奏,并以此为起点。

**以有趣的方式分担责任:**让大家轮流为家庭挑选活动。也许孩子们每周都会参加个人活动或他们自己的团队活动(这很好,保持这些活动),但你们也要建立一个仪式,每周至少有一次有趣的家庭活动,这项活动是大家轮流挑选的。

**保持本地化,并做到(差不多)免费:**孩子可能会想挑选一些有意思的、令人兴奋的,但很昂贵的活动(比如攀岩、去健身房或蹦床馆),所以你可以考虑设定一个边界,每月只能有一次昂贵的活动(或每一个半月一次,这取决于你们的家庭情况)。提醒孩子注意,有很多免费或接近免费的活动可供选择。列出一份当地资源的清单,从海边散步到可以攀登的当地山丘或山脉,再到可以探索的森林公园。

你可以把清单写在纸条上并塞进罐子里,然后通过幸运抽奖的方式选择你们每周要去的地方;或者干脆把清单贴起来,每做完一件事就画掉。同样,通过拍照,收集你们在路上捡到的小石子、松果、树叶等，并在回来后制作一张拼贴板或海报，使活动变得有趣。

**舞动好心情**：在"弹尽粮绝时刻"，我强烈推荐这项活动（你与孩子已经玩了所有要玩的东西，读了所有的书，但不知何故，离睡觉时间还有一个小时，而你已经没有什么可拿得出手的活动了……你知道我们总会遇到那个时刻）。紧张的情绪开始蔓延，而此时，跳舞可以很好地让更多基于乐趣的体育活动进入你们的家庭生活。播放一首歌，在这首歌的播放时间内，每个人都只跳舞，让身体动起来，不发表评论，你想怎样古怪、狂野和狡猾都可以，中规中矩也可以。

如果这是你们家庭的日常活动，那么尽量让舞蹈持续一首歌的时间以上，让每个人都选择一首歌，这样你们就可以在有非常短暂的中间停顿的情况下继续运动（为每个人预先设定好一个播放列表，这样就能节省拼命寻找自己的歌曲的时间）。在这个发展阶段，您也可以调整这个活动，邀请孩子从他非常喜欢听的歌手那里选择一首歌。你们可以观看这首歌的MV，然后一起学习和练习MV里的动作（如果太复杂，也可以自己编一个版本），每天学一个舞步，一个星期后，你们就有了一套可以一起跳的漂亮舞步。

正如本书开头讲述的那样，在这个发展阶段，孩子的玩耍模式会发生变化，他会变得更喜欢屏幕游戏和久坐，因此，让身体活动变得有趣，让孩子能够兴奋地参与其中，对把他从电子屏幕中带出来至关重要。你必须找到使体育活动具有吸引力的方法，通常，这足以吸引最不情愿的孩子离开沙发，和你一起参与活动。

那些宣称自己讨厌运动的孩子可能只是还未找到喜欢或适合自己的体育活动类型。这是**如果找不到，就做不到**的那类事。因此，我再次强调一下，观察并注意你自己与体育活动的关系。

如果你是一位超级热情的健身人士，那么也许你的能量水平与孩子的不一致，你让他觉得自己做不到，所以压根就不想去尝试。或者你总是找借口推脱锻炼，而孩子也在做类似的事情。最有可能的是，我们中的大多数人都处于中间的某个位置，这也是正常的。

我们不都记得在学校里被逼着参加一些我们根本不喜欢的运动是什么样子的吗？（篮球不是我的强项，它让我整个学期都不喜欢体育课。暂停一下，想一想，你讨厌的体育活动是什么？）也许你也能回忆起，找到一项真正适合你的体育活动时你感受到的欣慰和意外之喜，你相当期待这项体育活动，而不是搜肠刮肚地想取消课程的理由。（对我来说，这项体育活动是热瑜伽。暂停并想一想，对你来说这项体育活动是什么？）

与孩子分享这些经验，可以让孩子放下心来。告诉他，**不**

喜欢这项运动没有关系，这并不意味着你不喜欢任何运动，我们只是还没有找到你喜欢的运动。对这个年龄段的孩子来说，除了比较传统的运动或活动，你可以把一些其他运动或体育活动纳入考量，比如棒操、击剑、攀岩、骑行、滑板、童子军夏令营、羽毛球、乒乓球、拳击、（针对儿童的）瑜伽等。

我认识一个孩子，他的父亲为了让他活跃起来、参与体育活动，设法找到并给他报了一个杂耍班——相信我，杂耍锻炼到的肌肉比你想象的要多。与我合作的另一位母亲谈到，她在女儿这个年龄时喜欢玩呼啦圈，但已经多年没有玩了。她的女儿从未尝试过或听说过呼啦圈，所以他们买了两个呼啦圈，开始一起练习。这位母亲笑了，因为在过去的几年里，她已经完全忘了怎么玩，但可爱的是，呼啦圈在她身上唤起的快乐仍然存在，她和女儿可以一起（重新）掌握呼啦圈技巧，并在这样做的过程中共同体验快乐。

**让孩子选择活动也能够赋予他力量。**你可以告诉他，他必须做一些事情，但他可以在预先批准的三项活动中进行挑选（活动地点、时间、费用等都获得了你的批准），如果孩子进行了挑选，他就更有可能去做。我们鼓励他去试一试，但在决定自己讨厌这项活动并放弃之前，他必须有一定的投入。

所以，如果你为孩子选择的活动预付了一学期的费用，那么你期望他学完这个学期，但如果他真的不喜欢，那下学期就不必再去了。话虽如此，还是要密切注意孩子如何体验这些活动的线索（包括语言和非语言线索），如果他一想到参与这项活动就表现出痛苦的迹象，那么就停止活动，并回应他。在回应时，你必须直截了当地接受他不喜欢这项活动这个事实，共情他的感受，并好奇他具体不喜欢哪一点，以便更好地理解他的抗拒。

牢记最重要的问题——它有趣吗？**先让事情变得有趣，再把事情做完！**


## "万一"问题

我经常听到这个问题，所以我想花一些时间来讨论。我和家长合作时，当我倾听完家长的讲述，和家长一起处理并解决了当前的问题，然后在育儿方面提供了一些意见或建议时，与我交谈的家长会点点头，暂停下来想一想，然后这样一个时刻就会到来，家长吸口气，然后说："万一这不起作用……怎么办？如果我做了所有这些事情，但（坏事）仍然发生呢？"我所称的"万一"问题开始了。

现实情况是，坏消息往往比好消息更能吸引我们的注意力，这使我们容易产生消极的偏见。任何在社交媒体上发布过信息的人（即我们中的大多数人），即使获得了大量的积极回应，但只要收到一两条负面评论，就会亲身体会到什么是消极偏见，因为正是这种默认状态导致我们更容易纠结于一两条负面评论而不是所有积极评论。

甚至有神经科学证据显示，在面对负面刺激时，大脑的神经处理程度更高。从人类学的角度来看，我们的祖先可能依靠这种对危险和负面刺激的高度警觉来生存，他们的大脑对威胁和危险的迹象很警觉，这意味着他们预期会有并准备好应对潜在的生命威胁。如今，虽然危险并没有从我们的生活中根除，但我们没有必要不断地保持警惕。但是，我们仍然倾向于拥有消极偏见，这对我们的生活有重大影响，包括我们的人际关系（亲密关系和柏拉图式关系）、我们看待他人和他们对我们产生的意图的方式，以及我们的决策能力。

你知道我将设法为你积极地消除偏见，所以好消息是，有研究表明，我们的偏见实际上可以作为完成任务的一个激励因素。因此，当涉及"万一"问题时，我想用"你好"来迎接它：嘿，你好吗？进来吧，喝杯茶——让我们把它说出来，并从中学习。

为了实现这一目标，我们必须能够大声说出我们的偏见，让自己听到自己说出口的话，最好是面对着某人说，这样他可以向我们反映他所听到的内容，让我们在说的同时更深入地思考，并对那些"万一"问题有个答案，这会让我们感到安心。

如果我们知道自己可以大声说出偏见，并积极地消除它，我们就能改变它对我们和我们的人际关系所产生的影响。让我们现在就来做这件事。我将根据我们已经讨论过的主题和话题，提出并回答一系列"万一"问题，你可以看看你的某些"万一"问题是否被谈到了；或者通过阅读这些例子，你是否能找到你自己的方法来积极地重塑"万一"。记住，如果你能为自己做到这一点，你就能为孩子树立榜样，从而为他提供一张走出偏见的路线图。

## 万一我的孩子什么家务都不愿意做怎么办？

要让8—12岁的孩子同意或至少接受做家务，最简单的方法是在他很小的时候就开始让他做家务，并随着他的成长增加他需要担负的责任。我总是说，作为家庭一员，每个人都要帮忙，而且无须得到报酬。2岁的孩子就可以开始参与家务劳动，为大人提供帮助。如果你当初没有这么做，而是从现在开始期待孩子做家务，那么你必须表明这是一种变化和新期待。家庭中的所有人都坐下来，向孩子解释说，由于他现在长大了，能够承担更多责任了，所以你希望他在家中更加负责。然后提出两到三件他每周要负责的家务事。

要预料到孩子会对这一边界进行试探——这毕竟是他的任务，而我们的任务则是以温和且坚定、平静且一致的方式来守住这些边界。

当你注意到有些家务他没做时，用平静、友好的方式提醒他："我注意到你还没有做某事。记得这是你在家里要做的家务。我非常希望你能尽快做完它。"如果孩子还是没有做，就采用"如果／就"的方法："如果你做了你负责的家务，那么我就带你到公园去见你的朋友。如果你不做，那我就不带你去了。"如果在你这么说之后孩子仍然没有做，那就守住你的底线，不带他去见朋友，说："谢谢你让我知道你今天不想去见朋友。"当他说你不公平时，简单地反馈说："你在选择不做家务时选择了不去见朋友。明天你可以做出不同的选择。"

边界跟严厉无关，它是温和且坚定的，可以根据特定的孩子和情况灵活变化。**在这个年龄段中，为孩子提供提高独立性和增加个人责任的机会很重要。**在这个年龄段，甚至到青春期，家务和上述反应都是坚守边界的好方法。

## 万一我的孩子被霸凌了怎么办？

这是另一个触及所有父母内心深处的问题。我们不希望自己的孩子被他人伤害或者吓唬，我们更不希望自己的孩子可能是伤害或吓唬他人的那个人。

现在，我邀请你停下来，花时间看一看你的孩子，不是从你的视角，而是从他人的视角。具体一点，从他的朋友、老师、体育教练和亲戚的视角来看一看他，还要从那个你知道与他合不来的孩子的视角看一看他。我不是说，如果你的孩子与另一个孩子合不来，就意味着你的孩子在欺负他，因为知道自己与某些人合不来，然后限制自己与那些人的交往是完全可以的，但是你仍然可以且应该在与对方的交往过程中保持尊重和友善。从一个并不喜欢你孩子的人的视角来看一看你的孩子，将迫使你走出自己带有偏见的视角，让你考虑孩子有哪些不太理想的品质或行为特征。我们身上也有这些东西。

事实上，这是一个有趣的练习，你可以把它应用在自己身上，反思一下别人是如何感受你的。通过这个练习，思考你对孩子有了哪些了解？孩子不是一维的，他是多面的，他身上有很多层次。像所有人一样，孩子在面对某些情况和人时，会触发特定反应，这种反应将唤起或引起某些情绪，从而使他做出某些外在行为。这并不是要为任何不应该被原谅的事情开脱，而是要转变你的视角，真正从内到外地看待和感受你的孩子。

那么，尽管你已经投资于建立孩子的自尊心和自信心，并养育了一个具有情绪韧性的孩子，万一孩子还是被霸凌了，你该怎么办？

霸凌关乎权力，而不是霸凌对象本身，但霸凌者在寻求对他人、自己或群体（也许是全部）的支配地位时，会把他们认为对其支配地位构成威胁的人作为目标，他们认为这个人会取代自己，或者这个人有问题，不符合他们认为的其他人的标准。霸凌行为在孩子的社交领域中非常普遍，主要发生在学校。我们都知道，在这个发展阶段，孩子只想被同伴接受，他想要加入并融入他所在的社会群体。但恰恰是这种融入小团体的倾向，使那些不融入的人，那些突出的人，容易成为被霸凌的目标。

性格上的小怪癖、小特征或倾向，那些使你的孩子独一无二和为你所爱的东西，正是霸凌者会关注、放大并试图抹杀的东西。当然，答案不是把孩子的棱角磨平，来试图让他更融入群体，而是要庆祝差异性和多样性，并在孩子们之间促进接纳、共情以及友善的文化。另外，你必须确保你的孩子心中有一个明确的计划，如果当霸凌发生在他身上，他可以直接实施这个计划。这个计划应该提前制订，即使那时候没有明确的需要。随着孩子的成长和发展，你们应该重新审视、讨论和修订这个计划，并希望你们永远不会需要用到这个计划……但这是"万一"问题的答案。

● 该计划应该明确界定什么是霸凌，什么不是。

● 该计划应该明确地确定要采取的关键步骤，包括：

1.直接质疑这种行为：你是故意表现得像刚才那样如此令人厌恶吗？我对你的行为感到很不舒服，请你马上停止。

2.告知他人并逐步升级：事情发生后立刻告诉朋友——千万不要把这种感觉默默留在心里，或是将这种行为作为秘密来保守。然后再告诉另外的人：你的父母和你信任的学校老师（或情况发生时正好在场的老师）。

3.问"下一步怎么办？"：公开讨论各个选项，①设法自己解决；②家长和你一起去和学校领导谈这件事。如果你选择①，心里要知道家长会时不时来询问并看看目前情况怎么样了。

在不需要行动的时候就制订和讨论行动方案，可以让你以平静而非情绪激动的方式思考这个问题。拥有这样一个计划还可以让人在这个棘手问题上更有掌控感和信心。

**提示**：我们知道，所有学校都被要求有处理霸凌问题的政策，所以一定要熟知你孩子所在学校的政策。此外，要关注学校是如何维护政策精神的。每年一次的学校霸凌或友谊意识周很不错，但不如让接纳和尊重成为学校日常生活的核心精神与内在组成部分来得有效。想一想你可以给学校提些什么建议，因为要实现这个目标有无穷无尽的方法，下面只是一些提议，让你可以立刻开始。请记住，老师们很忙，所以向他们提出解决方案而不仅仅是问题，这本身就是一种善意。

● **每天举行班会**：老师可以让大家对当地和世界上发生的新闻进行反思，并邀请孩子们分享一些关于情感、感受的事件（邀请分享并不意味着强迫分享）。

- **每天都关注感受**：在每个教室的黑板上挂上表达感受的面具或海报，每天邀请孩子在最能描述他感受的那个面具、海报上贴一张贴纸。老师可以每天了解教室里弥漫的情绪，并在适当的小组游戏或讨论中对此做出回应，或者关注有需要的学生。这也有很好的视觉效果，让所有孩子看到他的同伴们在不同的日子里会有和他相似或不同的感受。

- **每周都用一个积极的情感口号作为班级座右铭**：应该采取积极的措辞，因此，与其说"不要相互刻薄"，不如说"我们要友善相待""我们要相互帮助""班上的每个人都很重要"。

- **将治疗性故事纳入班级课程**：老师可以准备一套以感情为核心的书，在给全班同学读这些书时，邀请孩子们思考某个人物对所发生的事情可能有怎样的感受。在故事中，该人物的感受是否发生了变化，这种变化如何发生、为什么发生？孩子们喜欢这个故事的哪个部分？然后，全班分成几个小组，自己编一个结局或戏剧冲突（故事的高潮），他们可以画出来或写出来，并与大家分享。

- **与一位新朋友一起吃午餐**：老师可以给孩子们配对，以确保孩子们与他们平时不太一起玩或不太熟悉的人配对。孩子们要在当天的午餐中带一些额外的东西，把食物分享给指定的配对伙伴，并利用午餐时间更好地了解彼此。午餐后，全班同学可以分享他们所了解到的关于这位伙伴的两件以前不知道的新事情。

- **识别、分享和庆祝友善行为**：每周一次，老师邀请孩子们分享他们目睹的或积极参与的友善行为。他们可以讲述这件关于友善行为的事情，并说一说这一善举带给他们的感受，以及他们认为当事人可能会有的感受。这会让孩子们在一周内专注于观察、寻找和以友善的方式行事，从而使自己有内容可以分享。记住并提醒孩子们，友善的行为可以是非常小的，无须涉及成本或任何大事。

- **练习感谢**：班级每周举行一次感谢会。给每个孩子一张便利贴，让他们为班上的另一个人写一句感谢的话。为了确保每个人都能写出并得到一张纸条，我们可以让孩子们把便条写给坐在旁边的孩子；或者让他们从盒子里抽出一个名字，然后为这个名字写一张纸条。提醒孩子们，可以为对方给出一个让他们感到高兴的亲切微笑而感谢他，或者为对方让他们参加操场上的游戏或借给他们一支铅笔而感谢他。

- **创造积极加强联结的团体活动**：让全班同学站成一圈，由老师先开始传递一条非语言信息。例如，老师对右边的孩子微笑，然后这个孩子转身将微笑传递给下一个孩子，以此类推，直到这条非语言信息回到老师身上。现在朝反方向传递微笑，这样，活动中的每个人都能收到和给出非语言信息。用赞美的语言信息重复这一活动（赞美要关于这个人，而不是他的外貌）。老师传递"我很高兴见到你"或"你是一个友善的人"，一旦赞美之词回到老师身上，就再次颠倒方向。

## 但是，万一我的孩子是霸凌者怎么办？

想象你接到另一位家长的电话，对方告诉你，你的孩子一直在欺负他们家的孩子，你的第一反应会是什么？——我是说你脑海中浮现出的第一个想法。你对此有何感受？想象你被叫到学校，校长与你谈论你孩子的行为，以及他的行为给另一个孩子带来的困扰，你有怎样的感受？你本能地抵触，想要小事化了——"不是我的孩子，不可能的。你们小题大做了！"想象你回到家与你的孩子谈论这个问题——你知道如何处理这个问题吗？这就是促使洛肯的父母来见我的原因。

洛肯10岁的时候，他的父母来找我。他们苦恼、羞愧，也非常生气。我一开始并不清楚他们的愤怒是针对谁的（洛肯、他们自己、学校，还是另一个孩子），但当我第一天与他们见面时，他们的愤怒是显而易见的。洛肯的母亲描述了她如何接到学校的电话，要求她和洛肯的父亲去一趟学校，事情涉及洛肯和另一个孩子的一些行为问题。我好奇她在那一刻是怎么想的。她说，她以为洛肯和另一个孩子打架了，她对洛肯感到很沮丧，但也认为学校反应过激了："他这个年龄段的男孩就是会做这种事——他们会打架，不是吗？"

然后，她描述了他们如何去学校，见到了校长、副校长和班主任。"当我看到他们所有人都在那里，面色严肃时，我的胃都要打结了，我想：'哦，我们有麻烦了。'"

我对这种本能的"知道"和她所说的"我们"一词感到好奇，但说到这儿洛肯的母亲开始哭了，于是洛肯的父亲接过话茬。他谈到校长很快就说，他们发现洛肯一直在霸凌班上的另一个孩子。老师接着解释说，这个孩子的父母之前和她谈过此事，他们在之后的两个星期里监督和观察洛肯的行为。她证实，洛肯确实在霸凌这个孩子，而且不仅是这个孩子，还有一些其他同学。

她很快从她面前的笔记本上举出了带有具体日期的例子，其中包括有针对性的孤立、辱骂、身体威胁和肢体冲突（她澄清说，当这种情况发生时，学校的一名工作人员立即制止了这种行为），以及洛肯对待他人的态度和言论基本都很恶劣。副校长说，在事件发生时，他曾与洛肯讨论过他的这些行为，包括他的言论、辱骂和打架事件，他清楚洛肯挑起了这些打架事件，而且是洛肯打另一个孩子，而不是被打。

他们确信洛肯是一个霸凌者，应该援引学校的零容忍政策，这意味着洛肯将被立即停学，等候听证。他们强烈建议洛肯的父母在这段时间内为他寻求心理治疗干预，因为（他们认为）他需要这种干预，也因为当学校董事会举行纪律听证会时，这会是他们严肃对待这件事的明确证据。

我反映了自己听到的情况，做了一些澄清，然后补充说："我没有听到你在这次会面上说了些什么。"洛肯的母亲说她哭了（"就像我现在这样"）。洛肯的父亲说："他们在见面前已经决定了结果，我们只是被告知罢了。"于是他们就来到了我这里。

我想知道洛肯的反应。他们说，他最初否认了，然后想要大事化小，接着试图指责他人，最后变得愤怒起来。否认（"我没有那样做"）、大事化小（"反正也没什么大不了的"）、指责（"发生这种事是你的错，不是我的错"）和愤怒（向外投射到别人身上，即我去攻击别人；或向内投射到自己身上，也就是我把情感封闭起来或自我伤害）都指向了基于羞耻的行为。

羞耻是一种难以容纳的不舒服的感觉，所以羞耻的人会使用这些相关的防御策略，来应对自己内心中的极度不适。我好奇洛肯在其他事上是怎样表现的，他年幼时是怎样的，以及他在成长过程中是如何与其他人以及周遭世界进行协商谈判的。我询问了洛肯迄今为止不得不应对的重大生活事件。这并不是要为他的行为开脱，而是为了更好地理解和解释他的行为。

洛肯的父母给我讲述了一个概括性的发展史。他们说洛肯在婴儿期非常可爱，在最初几年很容易养育。他们描述说，洛肯在学步期变得很难养育，尤其是在 2.5—4 岁时，他那"可怕的 2 岁"似乎没有尽头，难以应对。我们探讨了这个阶段的管教方法，洛肯的父母说他们使用了一些育儿电视节目上看到的行为矫正方法（贴纸表格、计时隔离等）。

我认为，这些措施带来的问题是双重的。洛肯当时还太小了，无法有效利用这两种方法，而且这两种方法都含有一定程度的羞辱性，孩子并不能真正理解它们。贴纸表格挂在家里的墙面上（在这个案例中，是挂在他们家的厨房里），任何来访的人都能看到它，并知道孩子有麻烦了——这就是羞辱。贴纸表格的另一个问题是，它可能在无意中强化了一种信念，特别是对有强烈羞耻心的孩子来说，即只有完美的行为才可以被接受。（**注意**：当然，你可以调整这个方法，使之更具有反思性和接纳性，但这个案例中的情况并非如此——一般来说，除了这种行为表格，还有其他方法可以考虑。）

计时隔离则要求孩子孤单地坐着，反思自己的负面行为，并在度过成年人设定的时间之后，说出自己的反思并进行自我修复。请记住，7 岁以下的儿童无法自我调节情绪状态，他们需要与照顾者或父母共同调节。因此，让 3 岁孩子坐在台阶上或某个角落里反思是徒劳的，他无法做到你期望他做的事情。让他坐在那里只是将他与他的安全基地分开，让他在愤怒和羞耻中发酵，等着使用那个神奇的词"对不起"让自己被邀请回去。

我反映这一点并不是要暗示，仅凭这些事就能解释洛肯的行为。洛肯必须也应该为他的行为和选择负起责任；我也不是说他的父母是罪魁祸首，因为他们不是。然而，洛肯没有整合或经历过"在联结中纠正"，父母也没有帮助他理解，他的外在行为是由情绪和生理状态支撑的，并以一种能够促进成长和学习的方式向他反映这一点（让他理解自己、他人和周遭世界，也就是说，洛肯在发展新浮现的自我意识方面没有得到支持）。

当我与洛肯见面时，他的愤怒和防备远远多于他的悔恨或忏悔。他觉得自己做的事情暴露了，他对此感到愤怒和羞耻，并觉得父母不会再爱他了，因为"我是个坏人"。我承认他的恐惧，并补充说："你做了一件坏事，但你不是一个坏人，洛肯。"他不明白其中的区别，这标志着我们合作的开始。

我们合作了 6 个月，每周一次，我觉得我似乎开始看到洛肯的所有部分——首先迎面而来的是他的愤怒，但后来也有他的恐惧、他的困惑、他的受伤、他的机智、他引人入胜的幽默感、他的慷慨、他的自我反省、他的快乐和他的善意。我们的重点是在洛肯心中建立起接纳与共情，也让洛肯周围的环境能够接纳和共情洛肯，所以我让他的父母参与到部分会面当中。我给洛肯的父母心理教育方面的帮助，让他们能够在情感和行为上更好地支持洛肯。

我与洛肯合作的前提是，我将向学校确认他正在积极参加我的心理治疗，但我不会写信支持他留在学校或为他的行为辩解。我希望洛肯是为了他自己而选择见我，而不是为了让我游说学校不要把他开除之类的次要目的。

在当时和现在，我都强烈地认为洛肯会从我们在这些条件下的合作中获得长期和有意义的好处，而且他应该直面他的行为和行为所带来的结果，不管结果是怎样的。我可以看到，在愤怒的背后，洛肯可以看到他给别人带来的痛苦。他反映说，他"知道"那个孩子不喜欢他，所以他就成为那种不被人喜欢的样子，他讨厌这样，这让他感到愤怒和羞耻，所以他把这种愤怒和羞耻向外投射到其他人身上（因为它们是如此难以被容纳），直到他真的成为那个没有人喜欢的孩子。

在学校的纪律听证会上，洛肯向对方孩子和他的父母认真地道歉。他说，他确实霸凌了那个孩子，他对此感到羞愧，并希望改变自己的行为方式。学校委员会（由学校的工作人员管理委员会和两名学生组成）决定，他将被停课两周，学校作业会送到家里去，两周后他将返回学校，他必须在学校的反霸凌委员会中做志愿者，并帮助组织学校的友谊周。最后一点是学校委员会中两名学生的建议，也是洛肯做出回应的部分。最初洛肯焦虑而抗拒，因为他不知道如何以积极的方式与同龄人建立联系。然而，他慢慢地学会了欣赏甚至喜欢这种体验，他在志愿者的角色中茁壮成长，并积极地和朋友一起，参与到学校社区当中。

我分享这个例子是为了强调，即使发现孩子是霸凌者，出现了这样的关系裂痕，也是可以修复的。而且在直面自己的行为、承担责任和接受行为的后果时，我们也能学到宝贵的一课。我相信，洛肯承认自己的行为、向他人道歉并通过改变来努力进行修复，都是带来有意义的长期改变的关键方面。为洛肯的父母提供心理教育谈话也很有必要，这让他们得以处理自己的愤怒和失望，也能让他们反思，眼前的洛肯并不是他们认为的那样，以及他们对洛肯设法隐瞒了这么多事情而感到多么难过。他们必须重新认识自己的儿子，爱他并接纳他真正的样子，向他靠近，在他的成长旅程中承担起父母的责任，带领孩子向前迈步。

## 万一我的孩子偷窃怎么办？

这是另一个棘手的问题，因为作为发展任务的冒险与同龄人的影响、群体或从众心态的影响（孩子顺应群体思维以感到自己被接受或融入），以及"做坏事"和试图逃脱的刺激感（刺激肾上腺素激增）对处于童年中期的孩子是很有吸引力的，特别是对处于前青春期高年龄阶段的孩子。

我在这里指的是在这个发展阶段出现的相当典型的偷窃行为，而不是可以被诊断为偷窃癖的更为严重和高频的行为。在后者这种心理状况下，人体验到的是一种强迫性的偷窃，而不是在某个当下产生动机去拿一些对自己有经济价值的东西。

偷窃癖患者无法控制偷窃的冲动，他们的偷窃行为一般是即兴的，不是事先计划好的，而且往往（但并不总是）发生在商店等公共场所。偷窃癖是一种心理疾病，需要获得专业人士的临床干预。

我在这里所指的情况，是跟儿童发展阶段相关的、更为典型的偷窃行为及相关的撒谎行为。这是孩子可以控制的事情，而且（通常）是有计划的、有所推进的，可能会与同龄人合作进行（不一定总是，但在这个阶段经常是这样），孩子会与一个或多个朋友一起偷窃。

9岁以下的孩子（甚至10岁的孩子也是如此，这取决于孩子的情感成熟度，记住我指的是**发展阶段**，而不单指年龄）可能还没有形成道德判断，有时也无法对社会规则的运作形成有意义的理解。即使孩子对此显示出了一定的理解，他也很容易被动摇，认为这些规则只适用于他人，而不适用于自己；或者他会试图绕过这些规则，认为自己可以轻易逃脱。然而，我们确实期望，到了9岁时，孩子能够懂得并尊重他人的物权，充分理解这些东西不是他可以随便拿走的。而孩子到了这个年龄一般都会明白，拿走不属于他的东西会有后果，而且，伴随着心中深刻的正义感和公平感，他知道如果有人拿走了属于他的东西，他会有什么感受。

如上文所述，想要被同龄人群体接受所带来的压力，以及有关自尊心的重要问题，都会导致孩子出现偷窃行为。正如你在这个年龄段可能看到的偷窃行为一样，你也可能观察到，孩子在试图否认并推卸责任时，往往还会撒谎。也许他不想任何人陷入麻烦；也许他对自己的所作所为感到羞愧，不想承认这种行为，以免你对他不认可和失望。

父母对这种事如此敏感，有时是因为这种行为可能出现在家庭之外，会涉及其他人。一旦发现孩子偷窃，父母很难在自己的家庭或亲子关系里为这种行为保密。现在暂停一下，想一想你为什么想为这种行为保密，是因为它让你的孩子看起来很不好？还是让你看起来很不好？或者两者都有？无论怎样，都是因为这是一种令人羞耻的行为，尽管在这个年龄段，这种行为可能比你想象的更常见，但它仍然不是一种可以被接受的、健康的行为，确实需要以正确的方式应对。

你可以向孩子灌输你的道德是非观，通过分配家务和坚持让他努力攒下一部分零花钱来为自己买东西，从而教育他知道金钱的价值。然后有一天你接到电话，说你的孩子在商店里偷东西被抓到了，或者你发现孩子一直在偷你的手提包或钱包里的钱。

父母的本能是迅速与孩子对峙，并采取惩罚措施，给孩子施加某种限制（禁足、不许玩电子设备、不给零花钱），也许还会开始把钱包藏起来，或者不允许孩子在没有你陪伴的情况下进入商店。但这能解决问题吗？这能更好地理解这种行为及其背后的冲动吗？我不是说你应该宽恕偷窃行为——也许上述惩罚确实是必要的——但它不应该以加深孩子对世界和这种行为的羞耻感为代价。

作为成年人，我们都知道必须努力工作来获取自己想要的东西。我们知道，从商店里偷东西会影响商店的员工和老板。不要以为孩子真的"明白"这些，因为在他的世界里，一切不是这样运转的，或者迄今为止没有这样运转过。当他想要什么时，他就让负责的成年人为他拿来这个东西。也许我们会说好的、不行或等会儿再说，但我们作为负责的成年人可以对此拍板。我们作为有权力的人，通过这种方式给予和拿走孩子想要的东西。是的，我们可以教孩子为买某些东西努力攒钱，但即使他努力攒钱并买下了自己渴望的入门化妆品或电子游戏，我们仍然可以决定他什么时候能够化妆，什么时候可以玩这个游戏——我们仍然是掌权者。我不是在建议你改变这一点，而是建议停下来，从孩子的角度想一想，更深入地理解他究竟为什么会做出偷窃这样的事情。

在这个年龄段，孩子会寻求更大的独立性，当然还有对自己生活的掌控权。他希望建立更强的自我意识，并从现在开始试探（这在青春期还会加剧，所以请做好心理准备）规则和风险——偷窃不正是实现这一目标的完美方式吗？而且还能带来一点肾上腺素的刺激。

被"抓到"时，大多数孩子都会感到强烈的尴尬、羞愧和后悔。这时，父母保持清醒至关重要。这并不意味着孩子是一个小偷，再也不能被信任去接触金钱或去商店。他这次选择了偷窃，你可能不知道这是否是第一次，但你应该注意，**让这一次成为最后一次**。我不建议这个年龄段孩子的父母把钱包或手提包藏起来，但你要非常清楚地告诉孩子，在这个家中存在信任与透明。你仍然会把这些包放在它们一直在的地方，但你希望不会再有人从里面偷东西。如果孩子偷窃了，你必须正视这种行为。

- 确定孩子真的偷了你或商店的东西（不要臆断，要有证据支持你的说法）。
- 表达你对这种行为的感受——失望、愤怒、悲伤和沮丧。
- 请孩子承认自己做了这种行为。
- 如果孩子拒绝承担责任，告诉他这会影响他的行为后果——**如果你不和我讨论这个问题，你所承担的后果将是你和我讨论的两倍。**

大多数孩子都会选择较轻的后果，反正他都已经被抓住了。你需要让孩子与你讨论这个问题，而不是简单地对他说教。请记住，要想以有意义和持久的方式改变行为，"在联结中纠正"是最有效的。

你的孩子仍然是你发现他有这种行为之前的那个孩子，他只是做了一个错误的选择，而不是变成了一个坏孩子，所以不要把他当作坏孩子来对待。孩子偷东西有很多原因：

- 在这个爱冒险的年龄段，这是一种刺激和令人兴奋的行为。
- 孩子想让人印象深刻，或者这么做显得很酷，从而被同龄人接受。
- 他被同龄人施压，所以这么做。
- 他想测试行为的规则和边界（父母的和社会的）。
- 他有其他更重大的问题。

关于最后一点，我们需要从大处着眼，评估偷窃行为是否是某种问题行为模式的一部分：孩子在被抓到时是否对自己的行为表示遗憾或后悔；这是一种断断续续或不常发生的行为，还是孩子经常做的行为。如果经常出现，那么你们需要咨询儿童和青少年心理健康服务人士，探索和应对与偷窃有关的任何其他问题。

偷窃经常与撒谎和作弊相辅相成。与偷窃行为相同，轻度到中度的撒谎行为和作弊行为往往是这个发展阶段的一个特征，并会在不同的孩子身上有不同程度的表现。甚至你的孩子们也不会以同样的方式表现出这些特征：有些孩子几乎不会撒谎和作弊，也不会尝试偷窃；而另一些孩子在这个年龄段会出现这三种行为。我会介绍一个围绕这些主题的简单而有效的游戏，名叫"识破谎言"。

# 15 分钟玩耍建议

**识破谎言**：我有时称它为**真话与谎言**，在游戏中，每个参与者说出三条信息，其中两条必须是真话，一条是谎言。由其他参与者来发现谎言。事后分享你如何分辨出哪一条是谎言，或者是什么线索让你做出这样的猜测，会很有趣。试着创新大胆地说谎和说真话。哪一条信息是谎言不应该太明显；游戏中还应该时不时停顿下来，解读对方的非语言线索并做出猜测。

要帮助孩子抵御上文中所说的破坏规则和测试边界的诱惑，一个方法是强调孩子应该说真话（从幼儿期就开始，并且在他的成长过程中经常这样做）。让说真话具有吸引力，表明这是你欢迎的事情。孩子说真话后，与孩子一起解决问题，即使这个真话是关于他自己的一些负面行为的，因为在告诉你真话时，孩子也在为这种行为承担责任，而你可以与他合作。

## 应对抵抗

你知道这种情况：无论你提出什么建议，都会遭到对方不屑一顾的耸肩、翻白眼或直接说"不"。在跨越整个童年的发展阶段中，孩子都会表现出抵抗，随着他的不断成长和发展，还会出现不同形式的抵抗。

**抵抗**本身就是一件需要注意的事情。抵抗有不同的种类，了解你看到的是哪种抵抗，将有助于你做出相应的反应，并最终引导你的孩子渡过这一关。当出现新事物时，最初孩子会出现积极反应，就像所谓的蜜月期。这是一个兴奋的探索阶段——孩子感到很好奇，这件事物是新的，而且很吸引人。

在这个探索阶段之后，我们就可能会遇到抵抗。**我已经尝试过了，知道这一切是什么感觉，现在我决定后撤了。**但原因呢？这是最关键的一点。这是否是我们所说的**神经性抵抗**，即该活动是否超出了孩子的神经系统发展，导致他畏缩不前？还是说孩子的抵抗表面上是因为"我不喜欢，无聊死了"，而实际上是因为该活动太具有挑战性，太激烈，有点令孩子难以承受？如果是后者，孩子可能需要你的帮助，你可以与老师或教练沟通，请他们为孩子调整任务；或者仅仅是需要你花些时间，辅助他完成任务。

如果你能帮助孩子克服阻力，通常会使他试探性地接受规则、设置和活动所涉及的人，直到他完全参与进去，并与活动、小组或俱乐部产生联结。因此，当孩子抵抗时（除了对体育活动的抵抗，这些方法很有用），首先要确定你看到的抵抗行为背后的根本原因，只要没有情感创伤或神经发育方面的原因，你就可以把它作为一个典型的抵抗行为来探索，例如也许孩子是在抵抗活动中具体的某个人或某个方面（比如他真的无法与教练或教员合作，或者小组内的人际动态关系有问题）。

抵抗或缺乏合作是一种不舒服或痛苦的信号。你要通过保持好奇心，并努力从孩子的角度更好地理解正在发生的事情，避免孩子产生防御性的反应（即你坚持要求他去参加活动，然后遭到彻底拒绝）。这样你能更深入地理解和共情孩子的体验，然后你可以在理解、接纳和共情中把这点反馈给他，使他更好地明白自己心中的真实想法。

这并不意味着你可以简单地说"哦，你不喜欢啊，没关系，那就不要再去了"。如果是轻度到中度的典型抵抗，你最好的反应是温和且坚定地挑战孩子对自己的负面看法。尽管有轻微的不适，也要让他参与活动，让他学会如何容忍轻微的紧张体验，掌握任务，并从中获益。当孩子在与典型（学校）同龄人群体以外的陌生人合作或互动方面经验有限时，或者如果他是团体或团队活动中的新人，孩子就会感受到这种轻微到中等程度的不适。从这方面来说，这种对活动的抵抗可能表明孩子信心不足，害怕失败，对必须遵守团体规则而不能以自己的方式行事感到不满。在这个发展阶段，学会克服和应对这些感受都是重要的生活技能。

说了这么多，你对孩子的期望还是要合理、公平。在鼓励孩子选择活动时，你要考虑他的发展阶段。在童年中期，大多数（发育典型的）孩子可以参加更复杂的运动，如排球、篮球、板球、曲棍球、橄榄球、足球等，他们的手眼协调能力、运动技能和对规则的掌握通常已经足够好了，也能更容易被团队活动吸引。

还要记住，体育活动不一定要等同于上述例子和建议中所提到的运动。在笑声中活动身体就是一个好的开始，不一定非得是让人心跳加速、汗流浃背的活动。

记住，鼓励的意思不是坚持己见或提出要求。你要更注重关注和赞扬孩子付出的努力，而不是孩子获得的结果。不要强迫孩子做某事（这只会引起更大的抵抗），而且永远不要把体育活动作为奖励或惩罚来激励孩子的行为。体育活动应该仅仅是健康的家庭日常生活中的一部分。

## 进行正念沟通

一般来说，我所说的有意识沟通或者说正念沟通指的是有助于加强和改善亲子关系（在这个发展阶段和以后），也有助于塑造良好的自我调节情绪技能的沟通，而自我调节情绪是这个年龄段的关键生活技能。在这类沟通中，你应致力：

● 邀请孩子对任何话题都发表看法。

● 对孩子的一切都感到好奇——他本人、他的生活、他的朋友、他的想法、他的感受和体验。

● 无论结果如何都注意到并说出孩子的良好出发点。

● 始终愿意与孩子联结。

● 承认孩子对某件事情的感受，无论你是否同意他的想法。

● 邀请孩子合作解决亲子关系中出现的问题。问问他会怎么做："如果你是父母，在这种情况下你会怎么做？"

● 在指出令你不满意的行为或行动时，不要评判。

● 设置好过多久你会跟进你们之前谈论过的事情。记住这个时间，并询问孩子是否想重新讨论那件事情。即使孩子拒绝了，他也会因为你这样做了而知道你在心里挂念着他的事情。

● 对孩子提出可实现的目标——要现实，并且符合他的发展阶段。管理好你的期望，不要把目标定得太高、太快而导致孩子失败。

● 非语言交流要和语言交流一样多——把沟通做出来，不要只说不做。

● 确认并接纳孩子的需求、想法和感受。

● 如果有疑问，就使用接纳能力与共情能力。

花 15 分钟时间试一试这个**交流游戏**，从中获得乐趣。游戏需要三个及以上的玩家：一个人是跑步者，两个人是建造者——分别是 A 和 B（如果有更多玩家，他们就是观察员，在这一轮结束后可以参与进来）。两名建造者各有一套相同的积木，站得离彼此很远，背对着对方，这样他们就看不到对方在做什么。A用积木搭建一个结构，跑步者观察后跑到B身边，让他根据跑步者的观察结果来搭建。游戏的目标是通过跑步者的良好沟通，让A和B搭建出相同的结构。

还有一个有趣的活动可以加强孩子解读非语言信息的沟通技能，这个活动叫作"坐下来"。有两种玩法，如果你们是一个四人以上的家庭或团体，效果最好。规则是在任何时候都必须有且只有两个人站着，而且这两个人每次只能站20秒。因此，如果妈妈和年龄最大的孩子站着，那么在20秒内他们必须坐下（不一定要同时坐下），当他们坐下时，其他人必须在他们坐下之前就准备好站起来，保证场上总有两个人是站着的。另一种玩法是让大家站成一个圆圈，并为每一轮提名一个领头人。玩家们静静地站着，看着领头人何时坐下，然后整个小组必须在完全相同的时间坐下来。如果有人不同步，大家就得重新站起来，等待并再次尝试。

**描述和绘制**也是一个有趣的锻炼交流能力的游戏。拿两把椅子，让两个人背靠背坐着。一个人是A，另一个人是B。有人递给A一个物体，或者A自己挑选一个物体，然后口头描述这个物体，但不说出它是什么。B必须根据A的描述画出该物体，并在最后看看是否能匹配或者认出该物体是什么。

玩耍这种互动方式能够有效地锻炼孩子不断发展的沟通技能，也能很好地加强和改善你自己与孩子的沟通。这种方法是积极的、有趣的，能带来更多欢笑。

第八章

Chapter 08

# 为有特殊需要的儿童安排玩耍时的注意事项

玩耍对所有儿童都很重要。过去，人们以为有特殊需要的儿童，特别是有认知障碍的儿童对玩耍不感兴趣。事实并非如此。至关重要的是，你要花时间了解孩子的游戏参与能力，试一试什么对他有效，并将玩耍作为与他沟通的手段。无论儿童的能力如何，玩耍都是他们的通用语言。

家长在提高有特殊或额外需要的儿童玩耍能力方面发挥着重要作用。你需要意识到你的孩子所面临的挑战，知道如何调整环境并鼓励他探索玩耍的各种可能性。你还必须确保你那有特殊需要的孩子有机会自行发起游戏，尽管在他能够独立玩耍之前，可能需要成年人给他示范如何玩耍。

当兄弟姐妹和其他没有特殊需要的孩子，能够在一定程度上理解自己的兄弟姐妹或朋友的特殊需要，即他的玩耍方式与其他孩子稍有不同时，他们就可能成为很有用的"玩耍伙伴"。

当你要为有特殊需要的孩子评估或选择合适的玩耍活动时，请记住，孩子在玩耍活动中可以展现出比临床测试中更高的技能水平。要想知道什么游戏适合你的孩子，最好的办法是尝试一系列游戏，看看什么最有效。游戏道具（玩具）很方便，能帮助你与孩子一起玩，但请记住，**你才是孩子拥有的最好的游戏道具（玩具）**。因此，请舒舒服服地来到孩子的活动水平上，让你的嬉戏性自我参与进来，和孩子一起享受乐趣。像**划呀划呀划小船**、**拇指大战**、**叠手掌**或**抱住**、**摇晃**等游戏，除你之外不需要任何道具。

在让有特殊需要的儿童无障碍地玩耍方面，环境起着重要作用。需要调整室内环境以适应具有不同能力和需要不同运动范围的孩子，特别是为使用轮椅和其他移动辅助工具的儿童调整空间和玩耍材料的获取位置。

记住，你是你孩子的专家，没有人会像你一样了解他。相信你的直觉，安全地突破一些感知极限，探索孩子能够触及的玩耍范围，发现什么能给他带来快乐和享受，这就是玩耍的意义所在。当孩子玩得开心时，他的皮质醇水平或压力激素水平会降低，他会更放松，也会从自己正在做的事情中学习、收获更多，这有利于他的成长和发展，而这正是孩子需要的。

## 满足孩子特殊或额外需要的 15 分钟玩耍

这是一张很长的玩耍清单。没有两个有特殊需要的孩子的发展是相同的，因此，我在这里列出的内容中只有一部分适用于你和你的孩子。虽然这份清单中部分内容并不完全适用于你的孩子，但可能会启发你对其进行调整，从而使之适用。

**感官桌**：这将为有特殊需要的儿童带来很多益处。参与感官体验，比如用手指拨弄干燥的大米或感受流水，可以分散注意力，安抚受到过度刺激或感到焦虑的孩子。这项活动促进自我发现，鼓励孩子探索新的质地，这反过来也会支持孩子的社交和情感发展。

为孩子提供干燥的豆子、沙子或棉花球之类的材料，玩耍这些质地的物品可以促进孩子手眼协调，让他有机会练习捏取和抓取，提高精细运动技能。当孩子发现新鲜质地的物体时，往往也会有语言上的反应。让孩子参与感官桌活动是促进语言发展的好方法。

**感官盆**：要制作湿感官盆，你可以在碗里装上一半的温水（不要太烫）。加入一小勺洗衣液（不要混合，只是加入其中）、一茶匙的肉桂粉或姜粉、一把闪粉（钻石闪粉在水中效果最好）。给孩子一个手持式打蛋器，让他搅拌这碗水。碗中会形成气泡，同时孩子会看到亮闪闪的闪粉，闻到肉桂或姜的味道，这给他很丰富的感官刺激。根据孩子的能力，你可以让孩子们每人拿一根吸管，当你说"绿灯"时，大家都向水中吹气，使气泡越吹越大；当你说"红灯"时，每个人都停止吹气，用吸管或手指将气泡戳破。孩子还可能喜欢把一些小玩具放进碗里，在水里玩。

要制作干感官盆，在碗/盆里装上（未煮熟的）红色和绿色的小豆子，加入一些（未煮熟的）领结形意大利面条，因为它看起来像蝴蝶。找两个小杯子/花盆（种一粒种子的那种小尺寸），让孩子用手摸摸碗里的东西，把它们从一个杯子倒入另一个杯子。你甚至可以把某样东西埋在碗里，让孩子必须把手插进去才能找到它。

**户外玩耍**：这能够刺激到各种能力水平的儿童，特别是那些需要额外帮助来发展大运动技能的孩子。在户外玩耍时，你可以组织一些特定游戏，比如踢球、传球或跳房子，**西蒙说**[1]，**妈妈我可不可以**[2]和**红灯，绿灯**（孩子可以在你说"绿灯"时移动，当你说"红灯"时则必须停止。注意，"绿灯"时你既可以让孩子活动整个身体，比如跳跃；也可以让他做更小的动作，比如摆动手指或者跺脚）。这类游戏可以促进全身运动和平衡，同时教孩子听从指挥和集中注意力。《头、肩、膝、趾》和《变戏法》

---

[1]　西蒙说（Simon Says）：一个孩子扮演发布指令的西蒙，当指令前有"西蒙说"时，其他孩子根据指令做出相应动作，而没有"西蒙说"只有指令时，其他孩子则保持不动。

[2]　妈妈，我可不可以（Mother, May I）：一个孩子扮演"妈妈"，背对其他孩子站在距离约10米的地方。其他孩子轮流询问："妈妈，我可不可以用某种动作向前走几步。""妈妈"回答"可以"，则问出问题的孩子向前移动，如果"妈妈"回答"不可以"，则孩子保持不动。最先碰到"妈妈"肩膀的孩子获胜。

也不错，还可以唱《**幸福拍手歌**》[1]，让孩子拍拍手、伸伸腰、踩踩脚或拍拍肩。

提供大量自由玩耍的选择也很重要。如果你给孩子提供粉笔和户外设备，比如球和呼啦圈，孩子会在不知不觉中锻炼精细运动技能和大运动技能。

**瑜伽**：瑜伽是一种平衡身心的运动，各种能力水平的儿童都可以从中获益匪浅。通过练习，难以静坐的孩子可以学会自我调节身体和情绪，利用运动和呼吸来自我抚慰，使自己平静下来。它有助于建立对身体和各种情绪状态的自我感知。许多瑜伽姿势是以动物的名称命名的，所以很容易将故事书与姿势结合起来，使练习变得有趣。学习如何在练习中集中注意力的同时，孩子可以像蛇一样滑行，或者像凶猛的狮子一样吼叫。以下是一个例子：

青蛙式

● 蹲在地上，用脚尖保持平衡，双膝分开。将双手放在两腿之间的地上。

● 抬头，吸气。

● 呼气时，伸直双腿，低下头，面朝膝盖。

● 回到下蹲位置并重复。

**灯箱**：这对所有孩子来说都很有趣，视觉上也很吸引人，它特别有助于提高有特殊需要的儿童集中注意力和长时间参与的能

---

[1] 《头、肩、膝、趾》《变戏法》《幸福拍手歌》都是可以边唱边跳的儿童歌曲。

力。孩子们可以在灯箱边待上好几个小时，通过用色彩鲜艳的透明形状创造发光图案和图片来锻炼精细运动技能。更妙的是，这个简单的自制版本在家里也很适用。请确保手头有大量色彩鲜艳的透明物品，如装饰用的石头、塑料块或是彩色盐。

你将需要：一个大的透明塑料储存桶、两串彩色小灯、一些大的透写纸（白色或彩色的都可以）和透明胶带。要组装灯箱，你需要在桶盖内侧铺上透写纸，用胶带固定。这将有助于创造均匀分布的光线。在桶的角落里钻一个小孔，把灯串穿进去。将它们均匀地排列在桶的底部。把盖子盖上，接上电源。

**音乐（基于节奏和同步的活动）**：音乐可以激活大脑中的各个子系统，包括调节情绪和动机的区域。留出特定的时间全家一起坐下来创作音乐，可以让孩子与家庭成员们建立联结，并让孩子感到被接纳。

音乐时间对不善言辞的孩子尤其有益。对他们来说，音乐可以是一种自我表达和与同伴互动的方式。为孩子提供乐器，比如摇蛋器、铃铛或玩具鼓。你也可以自己制作乐器，例如，将干豌豆倒入空的薯片罐中，然后用透明胶将盖子固定好（装饰一下薯片罐，或用彩色纸包起来），你就有了一个摇蛋器；同样，拿一个空的婴儿配方奶粉罐，将气球拉伸套在开口处，然后固定好，你就有了一个很棒的手指鼓。

鼓励孩子用自己的乐器制造噪音，并随着音乐活动身体。唱一些包含每个孩子名字的歌曲，这样每个人都会觉得自己在活动中有一席之地，例如，"詹姆斯今天来啦 / 詹姆斯今天来啦 / 拍拍手 / 喊一声好棒！詹姆斯今天来啦"。即使只有你们两个人在玩，也要用每个人的名字重复一遍歌词。

此外，在一天内的其他活动中融入音乐。在打扫房间和过渡到其他活动（如午睡或点心时间）时唱歌："我们正在整理玩具 / 我们正在整理玩具 / 一边整理玩具 / 一边唱歌和制造一些噪音 / 真有趣"或类似的歌曲，随你选择。

你的孩子玩某些游戏会比玩其他游戏玩得更好，特别是在一开始的时候，所以请使用你作为父母的直觉，为孩子挑选适当的玩耍活动。

**玩沙、玩橡皮泥、手指画、玩水**：这些对幼儿来说也是很好的感官体验。给孩子一些时间，让他单独玩这些东西，也可以和他一起玩。

**用你的语气反映出孩子的玩耍**：例如，用高亢的声音和非常快的语速说："哦，我的天哪，你把小车开得非常非常快！"或者用低沉、安静，更为单一的语调说："哦不，你把玩具扔到房间对面，因为你感到悲伤和愤怒。"（这并不意味着孩子不应该把它捡起来——他应该！）通过让孩子从你的语气中听到自己的感受，他将能够更好地整合这些感受。

**捏黏土**：准备干燥后可以定型的柔软、干净的黏土，孩子的小手指会发现它的可塑性更强，他可以用它来捏造型，等捏好的黏土变硬并为其上色，然后放在家里的架子上。

**摇篮曲**：让孩子蜷缩在你的膝盖上，确保你和他之间有目光接触，用柔软的毯子把他包裹起来。用《一闪一闪亮晶晶》的调子唱摇篮曲，但使用关于孩子的特定歌词，如"一闪一闪亮晶晶／你是多么的特别／头发金黄脸粉红／棕色眼睛眨一眨／一闪一闪亮晶晶／你是多么的特别"（按照孩子的情况改编歌词）。

　　**捏脸颊**：含一大口空气，让你的脸颊鼓起来，轻轻地引导孩子的手，让他用手指轻捏你的脸颊，让空气弹出来。然后鼓励他做同样的动作，换你来捏他的脸颊。

　　**叠手掌**：在你和孩子的手上涂上润肤乳液，然后玩叠手掌的游戏。交替叠放你们滑溜溜的手，从下往上移动。

　　**触摸和体验各种质地的物品**：试一试涂润肤乳液；用彩粉做一个手印或脚印；将手或脚按在橡皮泥或剃须膏中；让孩子背对你，用婴儿油给他擦背；玩脸部彩绘、手指画。注意孩子可能对某些气味很敏感，你需要对此做出相应的调整。

　　**促进目光接触的活动**：在你的鼻子上贴一张贴纸，帮助孩子把它扯下来；在你的鼻尖涂点润肤乳液，然后放一个棉花球，让孩子吹掉它；在孩子面前吹泡泡，帮助他用手指或脚趾戳破泡泡。

第九章
Chapter 09

# 为下一阶段做准备

这本书的核心始终是关注这个最不被讨论的童年阶段——童年中期的重要性。我一直觉得这个童年阶段在临床上很有魅力，是一个蕴含着巨大成长和发展机会的时期，给孩子和父母都带来了混杂的情绪。你的孩子开始远离你，这样他才能够启动分离和个体化的过程，为青春期的发展做好准备。孩子更多地被同龄人群体吸引，也许会和那些跟你或他自己非常不同的孩子建立新的友谊，使他能够进一步与你分离。在这个阶段中，孩子越来越关注正义和公平，主要是关注那些与他有关的事情，但也开始对能引起他共鸣的社会事件真正感兴趣，甚至充满激情。

在这个阶段，最重要的是在你与孩子的关系中保持嬉戏性。孩子的玩耍模式、风格和偏好开始转变，他越来越注重团体游戏，如团队运动，以及结构化的活动游戏，如蹦床、玩滑板车、骑自行车，而想象游戏则比童年早期要少。面对孩子和他的生活，我们必须保持嬉戏性、好奇心和参与感（但请记住，是感兴趣，而不是干涉）。最重要的是，要接纳和共情孩子在这个时期看待世界的方式。

在童年的这个阶段，让你们的亲子关系为青春期打下基础，眼下的良好投资将使你在孩子进入青春期时处于有利地位。你可以在这个阶段检查自己的育儿方式是否跟上了孩子的发展步伐。这也是一个开始让自己"百毒不侵"（打个比方）的好时机，以便消除日后可能出现的拒绝和冲突。正是在这个发展阶段，那个央求你陪他去学校的孩子开始希望你们一起外出时你走到马路的另一边去。他曾经骄傲地炫耀你，现在则对你的外表、穿着、声音（真的是你的声音，更别提你说的内容）感到尴尬。你很难不觉得这些是针对你个人的，但它们实际上并非针对你。这些对你的攻击实际上是孩子越来越多的自我意识和尴尬感受的投射，因为他正试图从幼儿期挣扎出来，度过这个童年中期。

离我远点；你真令人尴尬＝我感到不知所措，无法理解我现在的感受；对我来说，把你推开比努力解决这个问题更容易。

正如处于学步期时一样，你的孩子现在也需要你帮助他理解自己正在经历的感受，并更深入地明白这些感受是如何支撑和影响着他的（不那么令人愉快的）外在行为的。这是这个阶段的任务。而且，正如你在孩子幼儿时期所做的那样，保持亲子关系中的嬉戏性，保持温和且坚定的边界，将使你安然度过这个阶段。

我很遗憾你现在不开心。我听到你说你需要一些空间，所以让我们把这件事做完，然后你可以在晚餐前拥有不受干扰的一小时用来独处，好吗？（如果这还不够）好的，我看到你现在没法做这件事，那么你也可以现在就利用这段时间独处，我们以后另找时间来做这件事，那个时候也许待在我身边对你来说会更容易一些。

这是一个创建一些储备回答的好时候，在你感到自己快要发脾气的棘手时刻，你可以把它们搬出来。你最好准备三到五个概括性的回答。比如：

你对此有强烈的感受，我理解你的理由，但我需要一些时间来考虑清楚。晚饭后我们再讨论这个问题吧。

我想你忘了在这个家里我们应该如何与对方说话。你想再试一次吗？还是在你能做到之前你需要简短地休息一下？

我觉得自己对这次谈话的进展非常生气和恼火，我不想对你发脾气，所以在我们继续谈这个问题之前，我需要走开单独待上 15 分钟。

我知道你并不总是理解我拒绝或阻止你做某事的理由，有时你可能感到不公平。但作为你的父母，我的部分职责是做出艰难的决定，以保证你的安全。这就是其中之一，我的这项决定不会改变。

我们对此有不同的看法，这没关系，并不是每个人都会同意你的观点，这可能令你感到沮丧。你需要做什么来让自己平静下来？我可以帮助你吗？

这类回应符合接纳（承认孩子对自己身上发生的事情产生的感受是正当和真实的）和共情（你可以把你对孩子感受的理解传递给他，承认他的挣扎是真实的，而且他的挣扎是属于他的，而不是你的）。你要记住这些回应，这样在那些发生冲突的时刻就能轻松地复述它们，让其成为孩子童年中期用来保护你的有用盾牌。

当然，所有这些都是为了让你和孩子准备好踏上坎坷而危险的青春期之路。就目前而言，努力保持你和孩子当下的状态就足够了，相信你们正在为一个新阶段而努力，但不要试图预测太远的未来。

当孩子到了 8—12 岁这个阶段的末尾，设定几个目标，让自己为下一阶段的育儿工作做好准备：

●始终鼓励孩子玩耍，无论孩子的玩耍是什么，记住，听音乐，尝试不同的衣服、妆容也是玩耍。

●鼓励具有想象力和创造性的思维，这会帮助孩子解决在成长过程中遇到的问题。通过对孩子所说的事情或你们在一起时听到的事情保持"好奇"来鼓励孩子。

●找出机会鼓励并支持孩子持续地练习独立，这将有助于他以自信而又尊重他人的方式表达自我。记得鼓励孩子与餐厅的服务人员或商店的销售人员互动，让他为自己点单或买单。

●如果某件事情没有按照孩子的意愿发展，使他感到失望，要在他感到失望时陪伴他，但不要把他从失望的情绪中解救出来。相反，要支持他用新的思维和新的视角自己走出来。

●让孩子在生活中（包括在家里和你在一起时）有机会展现出领导力，并始终赞扬他付出的努力而不是取得的结果。

●孩子仍然需要你，并且非常依赖你，所以你要尽可能地提供帮助，但至关重要的是，你的育儿方式要随着孩子的成长而成长。相信孩子，也相信自己已经做得足够好了，并会一直如此。

在这个育儿阶段中，我们真正体验到依恋关系中的推开和拉进。我们越是想把孩子拉向我们，他似乎越是要把我们推开。你会觉得自己不管做还是不做都会被指责。但请坚持住，这只是孩子变化中的童年的一个阶段。

孩子不需要让你对自己感觉良好，甚至不需要让你觉得自己是个好父母——这不是他的责任（在育儿任何阶段都是如此）——但只要你保持稳定，对这个过程怀有信心，也对你的养育本能怀有信心，信任你的爱和亲子纽带，这些风波终将过去。重要的是，不要允许孩子把你推得太远，而是要温和且坚定地站在你的位置上，接受孩子有时会推开你，但你知道自己该怎么做，也知道孩子仍然依靠着你。接受这一点，对目前来说这就足够了。

当然，在这个阶段遇到的也不全是坏事，孩子正在试穿的这套盔甲上也有缺口。相遇的欢乐时刻仍然存在且触手可及，利用这些时刻非常重要。让玩耍继续成为你们亲子关系中的一个积极部分，将帮助你发现那些缺口，甚至扩大和延展它们。

为了应对那些艰难的日子，给自己制作一个快乐罐。有些日子确实会变得很艰难，但这没关系。要制作快乐罐，拿一个罐子（乐观点，拿一个大罐子）和一叠彩色的纸条。当你体验到可爱而又快乐的相聚时刻时，当你和孩子分享欢乐时，把它写在彩色纸条上，折叠起来，然后塞进罐子里。坚持这样做，真的会有很多机会来填满你的罐子。这项活动没有时间限制，它是开放式的，你可以一直用纸条填满罐子。从外观上看，你会拥有一个装满色彩鲜艳的折叠纸条的罐子，这些纸条看起来很棒，一眼望去，它们能够提醒你在与你那处于童年中期或前青春期的孩子相处时所经历的所有可爱时刻。在特别艰难的日子里，伸手拿出一张纸条，读给自己听，让你回到亲子关系中的欢乐时刻。这会在你不顺心的某天，甚至在不顺心的好多天里，把你从情绪向下的螺旋中拉出来。

# 来自乔安娜的一封信

非常感谢你选择阅读我的《15分钟养育》系列。如果你喜欢本书并想阅读我的最新文章，你只需订阅以下链接。你的电子邮件地址会被保密，你也可以在任何时候取消订阅。

www.bookouture.com/joanna-fortune

为什么是15分钟？这是我最常被问到的关于这套书的问题，我的答案是这样的：在我与各个家庭的临床合作中，我从时间匮乏的父母那儿最常听到的就是，在完成工作、应对交通、从托儿所接送、回到家把晚餐摆上桌之后，如果在睡觉时间之前能有15分钟和孩子待在一起，他们就会觉得很幸运了。我经常听到这样的话，所以我决定拥抱这15分钟的窗口时间，并制订有治疗性的、基于玩耍的育儿策略，让这15分钟为你和你的孩子带去欢笑，让你们少些泪水。

随着孩子的成长和发展，你将越来越发现确保每天有15分钟的时间与他用心联结是有价值的——即使是最忙碌的小孩，也可以每天给父母15分钟的时间，不是吗？

育儿不是一门精确的科学，有那么多不同的，甚至相互冲突的育儿流派，以至于把这件事做对，或者在大多数时候基本做对，似乎是一个不可能达到的目标。在你能够熟练掌握育儿技巧的时候，孩子已经成长并进入了下一个阶段，之前有效的方法似乎不再有效了。我们需要灵活的策略来让我们陪伴孩子度过他将经历的各个发展阶段。换句话说，我们需要能够帮助我们随着孩子的成长和发展而变化的育儿策略，这就是为什么这套系列丛书中有三本书，在从摇篮到派对的一路上为你提供协助。

我想在本系列的第二本书中关注童年中期，即8—12岁，因为我相信这是儿童发展的一个重要阶段，却没有得到充分的讨论。我们倾向于关注幼儿期和青春期，却忽略了这个重要的中间阶段。在这个阶段中，孩子的身体、大脑和周遭世界都发生了很多事情，让他从幼儿期走出来，为青春期做准备。

所以，在这本书中，我赋予童年中期应得的特别空间和关注。这往往是我们停止积极地与孩子玩耍的阶段，因为孩子的玩耍模式在这一阶段发生了重大转变。许多孩子从富含想象力和创造力的玩耍转向了更具结构性和更注重道具的活动，如团队运动、骑自行车、玩滑板车、玩电子游戏和使用电子设备。我希望本书能够提供一张路线图，让你在这个生理、神经和心理剧烈变化的时期，能够维持与处于童年中期的孩子之间的嬉戏性联结。

我希望你喜欢《15分钟养育》系列，如果你喜欢本书并愿意写一些评论，我将非常感激。我很想听听你的想法，这也将对帮助新读者首次发现我的书有很大帮助。

我很喜欢收到读者来信——你可以通过Facebook、Twitter、Goodreads或我的网站联系到我。

谢谢你，并记住——无论年龄多大，玩耍都是一种心境和存在方式！

乔安娜